系统观念下的数字政府

政府业务与服务流程的再造

[韩] 康太荣 闵祺瑛/著
강태영 민기영

赵昱/译

为《系统观念下的数字政府：政府业务与服务流程的再造》题词

我是韩美林，韩国的"韩"，美丽森林的"美林"，今从事艺术创作已经72年了。能够为我的韩国朋友康太荣博士新书题字，应该是缘分使然。

我与康博士相识的时间虽不算长，但与韩国各界人士的相识却已经有30多年了，近些年与韩国各界的文化交往更是不少。从2017年至今，无论是为"中韩建交25周年纪念活动"设计标志，还是在首尔艺术殿堂举办我的首个韩国艺术大展，亦或是获得"韩国文化勋章"，等等，可以说我与韩国的"缘分"是由来已久，这让我与康博士从相识到相知成为了一个"必然事件"。

2021年5月8日，康博士第二次造访位于北京市通州区的韩美林艺术馆，将韩文原版的书籍作为礼物赠送于我。他还告诉我，中文版本正在筹备之中。我向康博士问及图书所讲述的易知园中的"知园"是什么意思，康博士告诉我，这是他与韩国已故总统卢武铉先生一起开发的韩国总统府（青瓦台）在线业务管理系统的名字。这一系统实现了青瓦台决策记录全过程的在线化。而"知园"也象征着这一系统将成为韩国政府率先建立起来的数字化"知识花园"。

听了他的解释,我马上想到,中国的北京、杭州、银川和宜兴,都建立了韩美林艺术馆。这样做的初衷,是为了打造"艺术的森林",更广泛地传播文化和艺术。这与易知园"知识的花园"有着异曲同工之妙。因此,我欣然为这本讲易知园的书籍题写了一幅书法作品。

了解了"知园"的含义后,我又想知道为何使用了"易"这个汉字。康博士向我解释说易知园的本名是"e知园"。这里的英文字母e是英文单词electronic的首字母。但是为了让中国的读者更容易记住这个名字,于是在翻译时换成了易知园。因为"易"这个汉字的发音同英文字母e类似,本意表示变化也象征着容易,众多含义深入地阐释了这本书的创作初衷。

在书写时,我选择了中国书法中我最擅长的、从5岁起就研习的楷书体例。我学习楷书受颜体影响深远,字体方正、有力,给人大气舒展、有信服力的印象。而且韩国与中国在书法艺术上是相通的,韩国重要的、有历史意义的书籍、牌匾等名称,很多都是中文书写,所以相信中文的"易知园"这个名字,会令中韩两国读者都感到亲切和熟悉。

易知园搭建起了韩国公务员阶层对话和讨论的"线上空间",成为了能够发挥出各方协同效应的"知识花园",从而实现了韩国政府工作方式的革新。易知园这个名称承载了韩国已故总统卢武铉先生希望引领韩国走向变化的哲学思想与寄托。

虽然我从未与卢武铉先生谋面,但是我觉得他的"易知园"

哲学与我一直坚信的"艺术无国界"很是相似。在设计 2008 年北京奥运会吉祥物期间，我就开始追求一种和平与多元化的世界观，并一直都把这种观念渗透到自己的艺术作品当中。近些年，我通过"全球巡展"一站又一站的成功，证明了文化艺术是一座桥梁，能够实现国与国之间的沟通，而康博士对易知园的介绍让我更加坚信这一点。我希望这本中文版的讲述易知园系统的书，能够为中国政府和企业，甚至是两国之间更广泛、更便捷的沟通提供更多的帮助。

2022 年是中韩建交 30 周年，本书在此时出版也就更加富有意义。在此特向康博士表示由衷的祝贺。

韩美林
2021 年 6 月

目录
CONTENTS

001 / **推荐序**
系统观念下的治国理政正扑面而来 - 001 -
"互联网总统"的遗产 - 004 -
以人为本的组织哲学与新科技有效结合的"易知园" - 008 -

001 / **自序**
易知园的工作方式：政府行政服务流程的再造

001 / **第一章**
政府工作方式革新及业务流程再造的理由

参与政府行政流程介绍 - 003 -
参与政府：拉开政府行政革新的大幕 - 008 -
易知园的系统革新 - 010 -
如何实现高效的业务管理 - 014 -

021 / **第二章**
易知园和系统化民主

系统化民主与易知园的开发 - 023 -

易知园的核心功能　- 026 -

易知园带给青瓦台总统府的积极影响　- 029 -

远程线上会议的重要意义　- 032 -

易知园的推广尝试：理想中的政府业务管理系统　- 035 -

备忘录报告：易知园与On-Nara的差异性　- 040 -

制度与系统变革同行　- 042 -

055 / **第三章**
易知园的6条基本工作原则

易知园的理想工作方式　- 057 -

第一条工作原则：严谨详实地记录　- 064 -

　　记录与理想的工作方式　- 064 -

　　记录文化的胜利果实　- 069 -

　　严谨详实记录的技巧　- 070 -

第二条工作原则：遵守文件管理标准　- 075 -

　　业务的处理依赖于信息的处理　- 076 -

　　文件管理的标准化工具——文件管理卡片　- 078 -

　　文件管理卡片的成就："政策"的传记　- 085 -

　　文件管理卡片之外的努力　- 089 -

第三条工作原则：进行工作分类　- 093 -

　　易知园系统内的工作划分：政府业务流程再造　- 093 -

　　分类后的工作管理：精准划分业务类型　- 096 -

　　政府业务的课题分类体系　- 098 -

第四条工作原则：领悟工作目的 －106－

　　把握工作内容的捷径：两种业务分类体系 －106－

　　按目标划分的课题分类体系 －110－

　　按职能划分的分类体系 －113－

第五条工作原则：梳理工作内容 －123－

　　课题管理卡片：知识管理的"捷径" －124－

　　目标框架与实际成果评价 －125－

　　知识管理的实现 －131－

第六条工作原则：记录管理的义务化 －142－

　　独立设置的记录管理系统 －142－

　　记录的公开与交接 －146－

153 / **第四章**
实践基本工作原则的智慧

易知园的贡献 －156－

系统化民主内涵 －158－

易知园基本工作原则的相似理论：彼得·德鲁克的目标管理 －160－

易知园相似案例：谷歌的创意内部网络 －163－

易知园思想的历史渊源 －166－

易知园系统企业应用案例 －176－

189 / **结束语**
系统化观念重塑政府业务流程

197 / 附录 1
　　易知园的开发过程

207 / 附录 2
　　On-Nara 政府业务管理系统开发过程

213 / 附录 3
　　卢武铉的数字化思想

221 / 编译者后记
　　为中国式数字政府建设锦上添花

系统观念下的治国理政正扑面而来

2016年年底，韩国发生了有史以来第一次让全体国民感到无比羞耻的政局混乱[①]。在韩国民众眼中，公务员作为国家与社会的管理者，尽管背负着多于常人的羞耻感，但也是未来韩国政府改革的对象。尤其是公务员阶层那种容易见风使舵、受人摆布的工作方式，一直以来都饱受全体韩国民众的诟病。公务员的工作方式就像一个黑匣子，没有人知道里面发生着什么。每当发生政策的混乱时，韩国民众不仅无法知晓最终的政策决策人，甚至连最终责任人都无迹可寻。这种情况的反复上演让韩国民众希望清算和改革公务员阶层的工作方式。我认为在韩国，坚持系统观念的行政管理和以此为基础的公务阶层改革不能够再拖延了！

公务员阶层的工作方式应该是具备系统观念的，这

---

① 指2016年10月开始逐渐发酵的崔顺实干政门事件。时任韩国总统朴槿惠的亲信崔顺实被曝修改总统演讲稿件、干涉青瓦台执政等多项罪行，由此引发了韩国民众多次的集体游行。2017年3月，韩国宪法法院通过对朴槿惠的弹劾案，使其成为韩国历史上第一位被成功弹劾下台的总统。

样才能够保证工作的公开透明和专业性，公务员们也能够更加富有责任心地开展工作。为了实现这一目标，"参与政府"[①]开发了"易知园"（青瓦台总统府业务管理系统），并将它的效用发挥到最大。已故卢武铉总统本人作为系统的发明人，与职员们一起思考和探索，最终成功开发出了易知园。然而令人遗憾的是，2008年以后的十多年间，易知园并没有得到充分的利用。同时，在易知园的基础上开发的政府业务管理系统——On-Nara——也只是应用于小范围的业务管理和电子签核。卢武铉任总统的参与政府曾经将"公务员阶层工作方式的创新"设定为政府改革与创新的目标。

在这样的背景下，我很幸运地能够看到易知园所阐述的哲学精髓和工作方式被整理成书。易知园试图将政府的全部业务流程实现标准化，并充分应用系统化的观念和思维完成了行政管理和公共服务。康太荣和闵祺瑛两位前秘书官曾经与卢武铉总统一起开发了易知园，是政府改革创新的亲历者。两位作者以参与政府时期的材料为基础，努力尝试对易知园的工作方式进行客观说明。时任国务总理的我曾在政府改革创新的一线，目睹了易知园的文件管理和任务管理所发挥的效用。而本书也让

---

① "参与政府"的说明：卢武铉担任总统期间的韩国政府一般被韩国民众称为参与政府。

我再一次体会到了易知园的深远意义。

为了韩国民众,韩国的公务员应该以公开透明且富有责任心的方式工作,这也应该成为韩国政府的基础。茶山丁若镛先生[①]曾说过"守正得利"。我很期待这一训诫能够成为韩国公务员阶层的座右铭,也衷心希望公务员阶层以身作则,率先改革和创新工作方式,并将成果推广到其他公营和民营企业。即使是未来发生政权交接,也希望基于系统观念的行政管理和公共服务能够不受影响。我坚信系统观念一定会扎根成为韩国公务员阶层的工作文化。

韩国前总理、卢武铉财团第四任理事长　李海瓒
2017 年 5 月

[①] 丁若镛:李氏朝鲜时代的哲学家,号茶山,在宗教、政治、经济、建筑、法律和医学等多个领域都有涉猎,留下著作达 500 多本,并主张对政治机构以及地方行政制度进行全面改革。

推荐序

"互联网总统"的遗产

卢武铉总统 1946 年出生于韩国庆尚南道金海市的一个穷苦家庭,从釜山商业高等学校毕业以后就开始了自己的社会生活。他既当过工厂工人,也在建筑工地做过工。后来经过刻苦自学,卢武铉成功通过了韩国的司法考试并成为一名法官。但没过多久,他就转行做起了律师。他参加过多次的人权/劳动/市民运动,最终于 1988 年成为韩国国会议员。卢武铉总统的人生到那时为止,堪称励志。但也是从那时候起,作为政界人士的卢武铉投入了"数字革命"的热潮。担任海洋水产部长官以后,卢武铉于 2003~2008 年担任了大韩民国第 16 届总统。然后在他卸任后的第 15 个月,便与世长辞了。

在卢武铉总统追求个人成功的时期,世界正在发生着能够改变人类命运的技术革新。以苹果个人电脑(1976)、微软的 Windows(1985)和 MS-Office(1989)等硬件和软件革新为代表的计算机革命正进行得如火如荼。网景的浏览器"Navigator(1994)"将互联网上的计算机连接到了一起,为人类打开了走向电子商务、搜索引擎、社交网络服务时代的大门。以苹果的 iPhone

（2007）出世为契机，世界迎来了将电话、短信、电子邮件、即时通信软件和SNS等集于一体的"Social Web"时代。

卢武铉先生乘着"数字化革命"的浪潮成为了大韩民国的总统。不同于线下政党组织的聚会，卢武铉总统建立了一个能够让彼此不相识的人在线上集结的政治共同体——爱卢社（爱戴卢武铉的人们的社团）。这个组织的人们因共同的信仰在线上聚集到一起，在线下合力开展拉票助选活动，成功帮助卢武铉成为民主党总统候选人。在整个竞选过程中，每当卢武铉总统陷入危机，这个政治共同体都会及时提供支持和帮助，因此，卢武铉总统被称为世界上首位"互联网总统"。

卢武铉总统在任期间也绝对是名副其实的"互联网总统"。他在韩国的最高权力机关——青瓦台总统府——开展了数字化革命。这场革命的核心正是数字政府运营系统易知园。卢武铉总统亲自参与了易知园的企划和开发工作，并在通过易知园实现青瓦台业务革新后，将这一系统引入了全部的政府机构。卢总统刚刚上任的时候，想要对从最初提案，到讨论—确定—执行—评价这一完整的政策决策过程以及之后的政策执行过程进行完整记录和透明管理，在那个时代完全是天方夜谭。

卢武铉总统虽然被称为"互联网总统"，但也是在模拟时代成长起来的普通人。他竭尽全力地去拥抱那些能够改变未来的技术变革，但也是与历史有过深层次对话的知识分子。易知园承载了他的两种模样。卢武铉总统之所以开发易知园，并不只是为了提高执行业务的效率。韩国最高权力机构青瓦台总统府的所有公务记录都由易知园记录在案，并在卢武铉总统卸任时原封不动地留给了国家档案记录院。作为总是和历史对话的知识分子，卢武铉总统开发易知园的尝试，可以说是为了将记录档案留给后世而对数字技术的充分利用。

本书介绍了卢武铉总统留给我们的一项灿烂遗产——电子政务系统易知园。我坚信作者们真正想要介绍的内容，与其说是易知园系统本身，倒不如说是易知园创造者的思想、感情和行动。卢武铉总统作为在模拟时代成长起来的领导者，全身心地投入到数字化革命中，易知园正是他在付出努力之后所到达的胜利彼岸。卸任以后，他虽然也尝试着建设一个市民们能够自发共享知识和信息并组织集体活动的线上平台，但令人惋惜的是，他没有实现这一愿望的时间。

中国的政治家、官员和企业家们都肩负着重大的责任，我希望他们都来读一下本书。这本书将在很多方面给人以启发。它能够让你对自己领导的组织有更长远和宏大的远景展望，促进有价值的知识和信息在组织内部的共享和传播，帮助你创立公正透明的决策过程，实现对既定目标及其适当性、完成度的常设评价，在判断成功和失败的原因后找到改进方案。对于那些正在探寻上述问题解决方案的组织运营系统的人来说,我坚信这本书将会提供很有价值的信息和很大的帮助。

卢武铉财团第五任理事长　柳时敏

2021 年 10 月

推荐序

以人为本的组织哲学与新科技有效结合的"易知园"

这本书的作者康博士是我多年的朋友。前些日子,康博士送了我一本《易知园:总统的工作方式》。韩国总统的工作方式有何特点,激发了我很强的好奇心。

我在中央党校从事了近30年的教学和研究工作。政治精英,特别是身处高位的政治家要在各种变量不确定的状态下作出事关国计民生的重大决策,这就要求政治家不仅要有为国为民的胸怀,还要具备政治哲学素养、历史知识,而且还要有超人的想象力。这些是我一直以来比较关注的问题。但是,政治家,特别是国家领导人怎样工作,我还真没有思考过,也不可能思考。因为,我不了解国家领导人这种特殊角色的具体运作机制。所以,这本书激起了我很强的好奇心,很快就读完了。

"易知园"有两大特点:一是"以人为本"的组织哲学理念;二是组织哲学理念与现代科技的完美结合。组织哲学,是指一个组织为其活动方式所确立的价值观、信念和行为准则。一个组织高效运行的最主要因素是其成员忠诚地坚持那些信念。"易知园"将组织运行的具体过程透明化，使其中的每个人都能清楚自己在整个系统中所处的位置、责任和作用，以及自己在组织中的所作所为的实际效果如何。从这个意义上讲，"易知园"真正体现了组织中的每个人不论其职位高低，都是一个不可或缺的角色。"易知园"使组织中的任何一个人都清晰而且直观地体会到，总统的任何重大决策，都有自己或多或少的参与。"易知园"真正体现了"以人为本"的核心理念。

新科技正在冲破时空界限并逐步实现人与人、人与物、物与物之间实时连接。"易知园"的另一个特点就是"以人为本"的组织哲学与新科技的完美结合，为总统及所有秘书室工作人员充分发挥各自的作用提供了标准化、机制化的平台。"易知园"以互联网实现了人与人、部门与部门、上级与下级之间的实时连接，不仅共享各种信息，而且让每个人清楚自己在整个系统中所承担的角色及其实际效果，随时调整或完善自己的角色，使整个系统的运行达到最佳状态。

天才未来学家阿尔文·托夫勒早在50年前就已宣布，工业文明已经结束，新文明已经到来。我把这个新文明叫作"数字文明"。核心科技的变化将引起科技群整体的变化，而科技群整体的变化，必将引起人的行为方式和组织方式的变化。物理学、生物学、大数据和人工智能等核心科技及其相互间的融合，正在改变工业文明的方方面面。我以为，"易知园"是个了不起的发明。因为，"易知园"顺应数字文明的发展趋势，率先在政府组织的数字化上做了伟大的尝试，很值得深入而系统地研究。我相信中文版图书的出版将为中国政府和企业的新数字化努力作出积极贡献。

中央党校教授　赵虎吉

2021年10月

易知园的工作方式：
政府行政服务流程的再造

易知园是谁？我们为什么想介绍它的工作方式？实际上，知园并不姓易，而是姓"e"。就像"e-mail"一样，这里的"e"是英文单词"电子（electronic）"的缩写，而"知园"的意思则是"知识的花园"，合起来称为"易知园"。整个名字象征着一座被数字化信息（电子信息）和各种知识所充斥着的花园。

易知园是青瓦台总统府内部业务管理系统的名称。2003年，卢武铉总统领导下的参与政府正式起航。卢武铉作为开发团队的一分子，亲自参与了这一系统的开发工作。青瓦台总统府里专门接见外宾的场所被称为"常春斋"，在常春斋的前院，有一片绿地，那里是青瓦台最漂亮的地方。易知园的名字也是受到了这片绿地的启发，有了庭院的深意。另外，易知园的英文名称是easy-one，表明它是一个使用简单、操作方便的统一集成化业务管理系统。

2016年韩国社会发生了很多政治热点事件，与时任政府重返过去的工作方式有着不可脱节的关系。世界正在变得越来越智能化,韩国的公务员阶层反而固守着过去的工作方式。公务员阶层应该为了国民循规蹈矩地做好本职工作,这种意识也正在被刻画为一种时代精神。参与政府用系统化的观念对公务员阶层的工作方式进行流程化再造,同时以理想化的标准对公务员阶层的工作方式进行革新,并为此进行了坚持不懈的努力。易知园正是这种努力的成果。在最近这几年间,智能手机诞生了,信息通信技术也比参与政府时期有了明显的进步。如果易知园能够与移动计算、云计算、大数据分析等最新技术充分结合,势必将成为智能时代所需要的治国理政的"AlphaGo"[1]。

2019年年底暴发的新型冠状病毒疫情正在使人们的日常工作方式产生全新的变化。不仅线上会议成为了工作的日常,远程办公也日益变得普遍化。但是,面对突如其来的变化,束手无策的人们不仅发现正常沟通受到了影响,还要迎接组织管理者角色变化、信息安全系统脆弱、材料文书管理混乱等各种各样的问题。很多专家作出了悲观的预测,认为类似于新冠疫情这样的混乱状况以后会反复发生。既然如此,工作方式应该如何变革?组织的决策过程应该如何变革?对于这些问题,人

---

[1] AlphaGo,在中国被称为阿尔法围棋,是全球第一个战胜围棋世界冠军的人工智能机器人,由谷歌旗下Deepmind公司开发。

们尚未探寻到答案。

因此,我们怀着一份能够为在非接触时代的这种探索有所帮助的期待,想正式通过这本书向中国读者介绍韩国第16任总统卢武铉基于系统观念而展开政府工作变革,建设数字政府的工作方式。本书所讲述的这种基于系统观念的政府工作方式,不仅适用于政府及其他公共服务机构的公务员,也会使一般企业部门的工作人员从中受益,甚至会为学生们带来学习方法上的启发。

易知园的系统化工作方式大致可以被划分为两种卡片式的概念形式。

(1)文件管理卡片:通过这一类的卡片,对决策过程进行公正透明化的管理,什么人、什么时候、以什么样的目的、将哪些信息和资料作为基础,拟订并撰写了报告书,并以此开始了某项工作任务。在此过程中,发生了怎样的议论及协商过程,是否发生了业务协作抑或解决了怎样的矛盾,最顶层的决策由谁作出,所有这些信息都能够一目了然,因而提高了最终决策者的责任心以及决策的合理化程度。线下面对面交流也变得没有必要起来。文件管理卡片可以大大减少工作失误情况。工作人员会觉得自己的工作非常有价值,因而也会更有责任心地去完成自己的工作。

(2)任务管理卡片:根据行政业务的职能和目标,对所有业务进行分类以后,将最基本的业务单元定义为单位任务，并为每一个单位任务都制作一张任务管理卡片来管理任务。在任务管理卡片中，不仅包含了应对计划和业绩管理，也包含了为了实现目标，将工作的全过程以日志的形式进行管理，从而实现了计划—业绩—评价—反馈各个环节的独立存在。这是任务管理卡片的最大特征。基于不同职能建立的业务分类体系与根据不同目标建立的任务分类体系，让工作人员能够在任何时间对自己所进行的任务的历史（History）和背景（Context）内部的脉络进行清晰的把握。从上级管理者的角度来看，指挥和监督工作时，能够轻松地把握业务内容和工作进度。

由于易知园系统只是在卢武铉总统在任期间在公职阶层得到了广泛使用，此后这一创新的工作方式和文化并没有得到巩固，因此，也只能说是取得了一半的成功。根据韩国的政治制度，总统每5年进行一次选举和换届，因此卢武铉总统任期届满后的10年间，依托易知园系统的国务运营管理方式被彻底放弃，重新返回到了线下面对面报告的方式。这让人感到非常惋惜。倘若易知园的工作方式能够扎根为包括政府在内的公共机关的工作文化，韩国可能不会发生让全体国民失望的国政混乱局面。

但是，笔者依然希望借助此书将易知园系统的核心内容介绍到中国来，让更多的中国朋友们了解这一基于系统观念的工作方式及其背后的思想，为中国的数字政府建设贡献灵感，助力中国能够更加顺畅地实现系统观念下的数字政府建设。同时，人脸识别技术在中国得到了飞速传播，并以最快的速度在各领域取得了应用成果。同样地，无接触时代的线上沟通和工作方式的中国标准将以比世界上任何一个国家都快的速度转化为日常工作方式，并成为工作文化。

我怀抱着这样的希望和梦想，筹划了《易知园》汉语版的出版工作。当前，我们已经生活在一个与全球各地相互连接和沟通的时代，未来各国工作方式的差异性将逐渐消失。因此如果可能的话，我希望这种创新的工作方式能够最先在中国得到尝试。因为，我认为只有这样，新冠疫情以后的社会形态变化、工作方式变化才能够在世界范围内引发激烈的讨论。

康太荣　闵祺瑛

2020 年 2 月

第一章

政府工作方式革新及业务流程再造的理由

大多数的韩国民众都是听着"政府的工作方式是机密"这句话长大的。1997年，韩国为了保证公民能够公开透明地参政议政，制定了《情报公开法》。但是政府的工作方式不仅没有发生太大变化，反而变得更加神秘起来。即使是公共管理领域的学者们想要研究政府的工作方式，都不能轻易获得具体的资料。尤其是青瓦台总统府——总统秘书室——所做的所有事情都是国家机密。谁作出了怎样的指示？谁做了什么工作？这些问题外界均无从知晓。所以，卢武铉总统在任时期的参与政府，曾尝试着去变革政府的工作方式。那么，当时的青瓦台总统府究竟发生了怎样的变化？为了弄清楚这个问题，首先需要来了解一下韩国的政策制定流程以及"参与政府"。

参与政府行政流程介绍

　　大韩民国总统由韩国民众直接选举产生，任期5年且不得连任。在竞选期间，为了获得民众的选票，总统候选人们会向公众作出各种各样的承诺。一旦当选，总统会根据当时的国内外情况以及舆论的发展趋势，并结合自己竞选时作出的承诺来选出重点的国政议题。在任期的5年内积极推动这些议题并接受全体民众的评判。国政议题不仅是一张能够提升治国理政的合理合法性的设计蓝图，也是能够左右政府评价成功与否的指南针。

　　国政议题的执行由总统秘书室内设的政策企划委员会以及政策室负责。从内阁层面形成了如下的政策议题执行结构，即以国务总理（国务调整室）为中心，对国政议题的执行情况进行检查、调整和评价。由中央政府部门（中央行政机关）和地方自治团体（地方行政机关）为自身负责的议题制定细化的推进计划并予以执行。类似于此的国政议题的体系化执行和成果产出，只有从总统秘书室到国务总理室、再到中央政府部门和地方自治团体的所有公务员齐心协力，才能够实现议题执行的既定目标（参见图1及图2）。

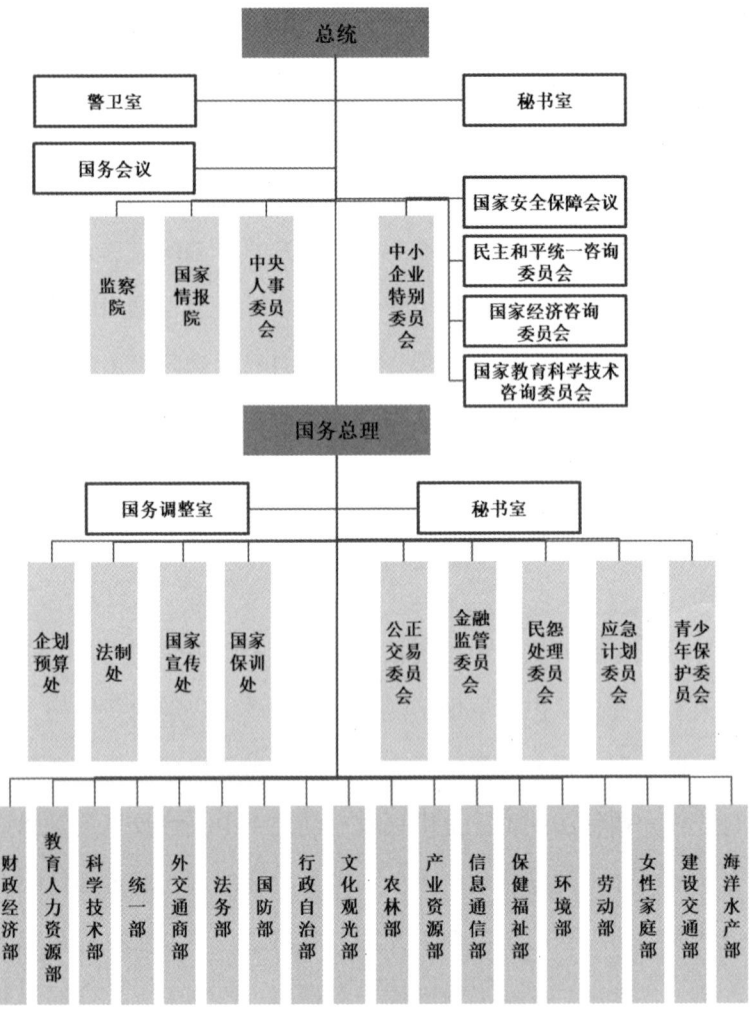

图1 参与政府时期韩国政府组织架构图

但是，无论是韩国还是世界其他国家，很多政府在制定战略以后，都在政策的执行阶段碰壁。卢武铉总统时期的参与政府也不例外。卢武铉总统会通过文书报告、当面汇报以及会议

004

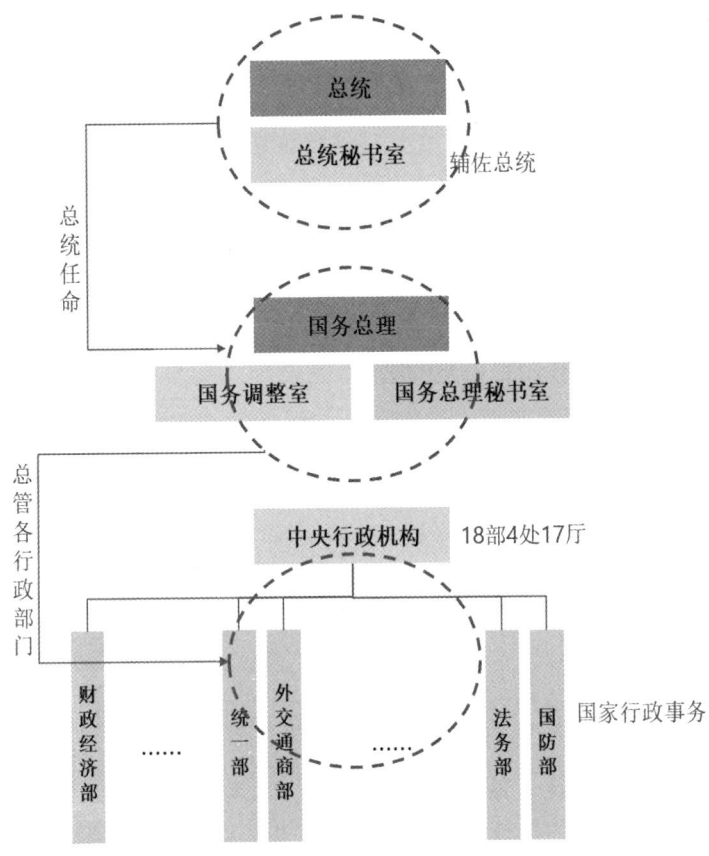

图2　参与政府时期韩国的行政组织关系

的形式来掌握国政议题或指示命令的执行进展及结果，但却发现很难对一些议题的推进情况作出综合判断。如果中央政府部门没有如实报告的话，就更是无从知晓了。

因此，为了实现滴水不漏的政策管理（政府业务及公共服务），卢武铉总统认为亟需对业务管理体系及沟通体系进行整顿和完善。他的改革方式正是借助数字化手段，从总统秘书室开始对政务的行政业务、政策决策及公共服务流程进行重塑。最终由此诞生了青瓦台总统府业务管理系统——易知园。易知园系统的业务管理体系大致上对国政议题（政策方向）的确定、指示及报告、会议流程进行标准化。同时，为了完善沟通体系，投入了文件管理卡片这一模块，从而让在线汇报变得活跃起来。借助于文件管理卡片，决策者可以听到多样化的声音并汇总各种信息，最终作出最恰当的决策。

另外，作为提升治国理政效率的最终责任人，国务总理室的作用非常重要。其最具代表性的工作任务是国政待定议题管理、国政议题管理、总统指示事项管理、国务会议运营等业务。以这些业务的标准化来完成国政管理系统对总统和行政部门的衔接功能。

进一步来看，将易知园系统优化为行政部门可以普遍化使用的On-Nara业务管理系统，推广到中央行政部门和地方自治团体这些政策的执行组织，其结果正是从总统到地方末端组织，都能够以统一的方式对国政议题进行管理，并通过文件管理卡片实现从上到下的无障碍无遗漏的沟通架构。原本的计划在参与政府时期只实现了一半，On-Nara业务管理系统只推广到了中央行政部门。到文在寅政府时期，地方自治团体也使用上了On-Nara业务管理系统。（参见图3）

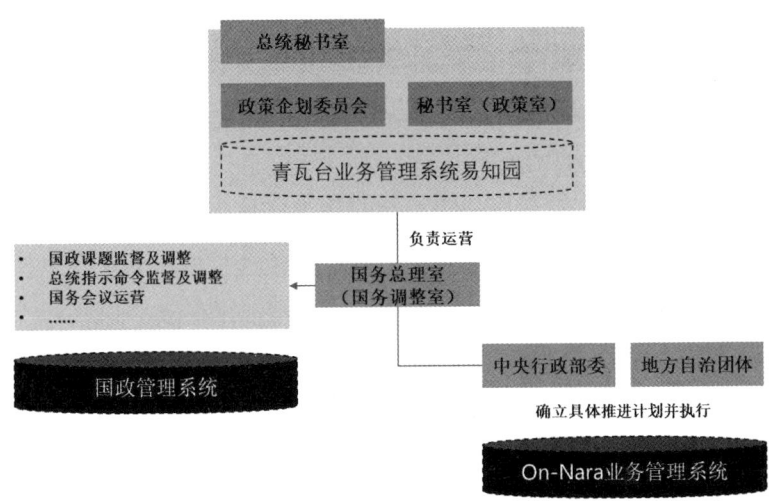

图3 参与政府时期易知园系统下的韩国政策执行体系

举例来说,单是就业政策就涉及青年就业、女性就业、农村就业、临时工就业、社会就业、公共劳动就业等各种各样的政府部门。如果各个部门之间没有相互的沟通和协作,都是只管自己的领域,绝对不会诞生出民众满意的就业政策。但是,由于易知园实现了对业务管理体系及流程的再造和优化,以"就业岗位"这一议题为中心,很快消除了部委(部门)之间的隔阂,形成了上下间能够顺畅沟通的业务管理体系。而且,在推进政策的同时,不仅能够将民众的心声反馈为信息和议题,并在政策的制定过程中得到反应,也能够持续不断地告知民众政策的成果,由此来获得国民的共识。

参与政府：拉开政府行政革新的大幕

参与政府起航之时，卢武铉总统充分认识到只有青瓦台作出革新，韩国的发展才能走上正途。无论这样的革新是什么样的形式，这都是时代的要求。参与政府于2003年正式起航之后，一直强调要对政府进行改革创新，而政府工作方式的革新又是这一改革的核心。这一点也自然而然地在全韩国的民众中间产生了共鸣。

走过韩国民主时代的历程，青瓦台总统府昏暗的幕布徐徐升起，韩国正在走进透明和公开的时代。因此，为了让韩国成为充满正义的国家，国家治理也应该更加公开透明。卢武铉总统曾经强烈主张青瓦台总统府——总统秘书室——不仅不能被排除在这样的变革之外，反而应该成为这种变革的主导者。所以，卢武铉总统主持了易知园的开发工作，并借助易知园推动了总统秘书室的工作方式革新。这种革新以还权于民的历史责任为出发点，对过去官僚主义的文化方式进行了果敢的彻底清算。可以说，参与政府的易知园肩负着一种时代使命感踏上了征程。当时青瓦台总统府对威权主义文化的清算，正是利用易知园来重塑政府工作业务流程，进而改革青瓦台的工作方式。

在卢武铉总统眼中，青瓦台（总统秘书室）也应该被视为政府的一部分，并且最终应该对政府的全部工作方式进行透明公开的系统化管理。他也同时指出，不能因为政府工作方式革新的历史时代背景是沉重的，就使得改革工作的推进方法本身也变得沉重而困难，应该利用信息化的手段轻松地迈出改革的第一步。正是在这样的思想引领下，才有了易知园的诞生。易知园重新定位了青瓦台的业务处理流程，确立了全新的资料存储和共享体系，清理整顿了模糊的报告系统，并且对各种议题进行了高效的管理。易知园的目标就是任何时候都能够在系统上看到国家的治理和运行情况。

易知园业务管理系统的哲学思想，也深深地浸润着系统化的思维观念。当时在政府工作的全体人员都认为应该通过类似于易知园这样的IT（Information Technology）系统使自己的工作变得公开透明，从而对过去的威权主义文化进行清算。易知园的工作方式革新正是系统观念下的"系统革新"，因此易知园也是实现系统观念下的治国理政的重要手段。

易知园的系统革新

之所以要从系统观念来设计易知园，进而重塑政府业务流程，一方面是为了彻底打倒过去深深刻在韩国政府内部的"威权主义思想"，而更重要的是借助系统观念，重塑政府业务流程，让政府决策、政府业务以及公共服务都遵从系统规律，避免出现政策混乱的局面。

单纯的提高"打破威权主义"的呼声，并不能够让威权主义消失。尽管过去的政府也推行了行政改革，但是公务员阶层的文化和形态却没有发生改变。如果想让文化或是形态发生变化，需要超越单纯的口号和思想教育，配以高明的战略并将其持久地推行下去才有可能。所以，卢武铉总统抛出的引子正是"系统革新"。从字面意思来看，系统被解释为"为了提高生产效率，而将相关联的要素按照规定的原则进行连接的事物"，主要被应用于提升业务效率的相关领域。

易知园的"系统革新"具有三方面的意义。第一，通过系统来制定符合标准的政策。以工厂为例，生产流水线的效率是由流水线设计的精准程度来决定的。某一条流水线的运营和持续优化的情况又决定了这条流水线的生产速度和产品的质量。第二，通过系统革新来提高时间的单位价值。卢武铉总统曾经说过："（正因为活用了系统革新，）自己身为总统，借助于高效的时间管理反而有了空闲时间。能够利用空闲时间前瞻一些事物,思考和学习一些重要的事情。"第三,通过系统来展开政府业务,消除了"人治"中的非理性部分。这意味着对"系统化民主"的追求。以系统为基础来展开工作,使得工作不以人员的变化为转移,从而保障治理政策能够保有一致性。第四,政府机构的运营应该保持公开透明。系统革新尽管只是提升了行政效率,但是放大来看,则能够消除韩国社会的威权主义,开启一场带领韩国进入透明时代的无声革命。

当然,抛开系统革新的意义和优点,任何时代的公务员阶层都会非常反感系统管制下的公开透明的工作方式。如果一直强调系统的重要性的话,稍不留神就会被打上"系统万能主义者"的烙印。参与政府青瓦台也同样存在这样的问题。因此总统府专门成立了负责变革管理(Change Management)[①]的部门,来支持总统府的系统化革新。这一部门的主要职责是与总统府其他工作人员进行沟通,并持续地对他们展开教育和培训。

此外,为了配合系统革新,参与政府还新设了PPR(Policy Process Reengineering,业务流程优化)秘书官室,专门负责改进秘书室组织及人员运营的效率。历任总统秘书室均未尝试过的常规性组织诊断以及变革管理工作,在参与政府时期得到了很好的实践。但由于是第一次尝试提升总统府的工作效率,因此

---

① 商业管理领域专用词语。对于企业来说,当组织成长迟缓、内部持续滋生不良问题、无法应对经营环境的变化时,需要对企业组织进行变革,对内部层级、工作流程以及企业文化,进行必要的调整与改善,以期达到企业顺利转型。

为很多工作人员带来了不便，以至于没有几个人喜欢PPR秘书官室的工作。一位当时在PPR秘书官室工作的行政官员对彼时的工作进行了如下的"回忆"。

对于那些从一开始就在青瓦台工作的人，对PPR的记忆会是刻骨铭心的。这个被称为"Policy Process Reengineering"的部门，名字完全没有公务员部门的味道。设定目标、制定业务手册、分类管理课题、调整组织架构、评价业绩、开发数字青瓦台（后来改称为易知园）等一系列的事情都是这个部门在处理。由于大部分业务是在总统府开天辟地的第一次，正常的下班时间被推迟到了晚上10~11点钟，加班到凌晨1~2点钟的情况几乎是家常便饭。但是，负责这些工作的PPR却成为了"费力不讨好"的部门。"难道我们是小白鼠吗？"[①]"PPR，晚上回家路上要小心哦！"……各种各样的骂声不绝于耳。我也受过良好的家庭教育，周围很少有人会轻易骂人，但是感觉在PPR工作期间，已经把一辈子的脏话都听完了。尽管如此，我还是怀着使命感，抱着为大家服务的心态，要求自己即使被骂也要亲切地接听电话，详细地给对方说明。但是突然有一天接到了一通电话，对方用很讥讽的语气

---

① 当时，一些职员认为"PPR"将青瓦台的其他部门当成了系统革新的试验品。

说:"PPR 真是每天都给我礼物啊!"[①]听了这句话以后,我竟然跑到洗手间声泪俱下地哭了好久,甚至用光了洗手间的卫生纸。

卢武铉总统在他的 5 年任期内,总是在首席辅佐官会议或是创新学习课程中强调易知园工作方式的创新设想。另外,他还率先垂范,使用易知园来接收报告并给予反馈。在制度上,卢总统还规定将各个部门的易知园使用率作为部门评价的重要参考指标。正是因为卢武铉总统的强大领导能力,才让总统府工作方式的革新成为可能。

---

① 出于工作性质的原因,PPR 经常会打电话给总统府的各个部门要求做这做那。

如何实现高效的业务管理

虽然PPR这个部门对总统工作方式革新的变革管理工作，让总统府的每一个工作人员都闻风丧胆，甚至深恶痛绝，但PPR并不是变革管理的核心。只有PPR这个部门来发挥作用，是根本不能打破"政府的工作方式是机密"这一传统观念，进而实现高效率的业务管理的。真正的核心思想在于将所有业务处理流程都公开透明地记录在案。

为了确保政府所有业务都能够被高效透明地记录下来，必须实现全部行政业务处理流程的标准化和系统化，因此总统府秘书室必须成为工作方式革新的排头兵。这也是变革管理希望传达给韩国民众的核心信息。如此一来，对于韩国民众来说，能够清楚地了解到自己的信访要求和其他行政服务的处理过程是怎样的。对于公务员来说，政策的制定及执行过程也被公开透明地管理起来，因此会更加有责任心地处理自己的行政业务。一旦发生问题，就能够轻易地找到问题的症结所在，并对相关责任人员进行彻查和责任追究。

卢武铉总统曾经强调过："有三个原因让我们对业务进行系统化的管理和记录。第一，做工作的人如果对自己的目标了如指掌，也就能够毫无遗漏地执行自己的工作。第二，组织内部不会让某一个人独自在10年间坚持做同一份工作，通常是以定期发生人员变动为前提。因此，必须记录下工作交接时一定会被用到的内容。第三，为了方便各部门之间以及业务监督人员一目了然地掌握业务状况并进行指挥和监督工作，所以对业务进行了分管。工作的过程中，如果找到了一条能够优化工作和业务流程的高效途径，那么在找到更好的方法前，无论优化程度高低，都应该将这种优化效果保持下去。如果没有做好记录，那么同种工作的下一个工作人员在处理业务的过程中会发生同样的无效率情况，甚至是失误。为了消除这些失误，我们才会针对如何实现高效率的业务管理和记录如此地深思熟虑。"

从公务员的角度来看，易知园让他们了解到自己在实现业务目标的过程中，应该与谁合作、并沿着哪一条路径去实现目标。最近很多人在驾驶的过程中离不开导航仪（Navigation），易知园刚好扮演了"工作导航仪"的角色。除此以外，易知园也能让工作人员了解到工作流程内部最有效果且效率最高的工作方法（如何做？Know-How）。总而言之，易知园不仅能够共享工作成果，甚至也能够共享其他人工作的思考方式，并加以利用。

总统语录：关于系统革新

过去的政府将工作重心放在了组织架构调整上。与此不同的是，参与政府则展开了对"行政的基本框架"和"工作方式"的变革。与行政管理"软件"的变更相配合，对"硬件"作出改革。效率是改革过程中最重要的原则之一。

来源：参与政府的百日变化（《青瓦台简报》，2003年6月）

我们的社会由于一些固有的制度和系统，存在着大量的不合理，甚至还有一些阴暗面。如果不对这样的制度和系统加以改善，我们的社会将难以持续高效率地向前发展，最终也就无法成为理性化的社会。如果不改革这样的制度基础，那么提高国家竞争力的说法就好比是沙上建塔。

从现在起，应该顺应时代潮流，对过去的系统进行彻底的整顿。将诞生于过去那个不合理的时代的落后制度和惯例甩在身后，创造出更加高效合理化的系统。

所以，尽管韩国社会有很多的远大目标，但其中最重要的是进行系统的改革。

来源：首席辅佐官会议（2004年7月）

总统语录：关于数字青瓦台（易知园）的推广

采购、关税等政府独立的电算系统已经做得尽善尽美了，但是行政系统的电子化却没有进展。为了实现业务的电子化，包括数据库在内的各种技术程序也已经达到了最高水平。但是，对于某一件重要事情的决策过程、这件事情的最初想法来源于哪里、在哪一次的会议上被表决、中间又经过了怎样的过程、现在已经有哪几项政策已经被实行，等等，却无从知晓。一旦有了问题，即使是在深夜也要打电话去询问具体的事件经过。然后，各部门的长官们（与中国的各部部长相当）要求下属立刻进入紧急状态，查询各种资料后向自己报告。除此之外，几乎是束手无策。所有的程序都像是那么回事，但当总统需要查看一些内容的时候，却又一无所获。政策的制定，很少能够像户口登记或者业绩汇报那样以统计数字的形式呈现。并且有时候就像是黏人的橡皮糖一样，成为一项旷日持久的业务。由于所有的相关工作都以报告的形式发生，这套程序也就单纯地只能发挥工作日志的作用。日记虽然不是什么复杂的事情，但却十分重要。

使用计算机来接收报告的时候，应该设定类似的适用场景并为所有的报告设置统一的格式。如果想用电脑系统来进行工作，需要对原有的业务处理方式进行很多改进。即使是一张便条也应该存储在一个文件夹里面，因此需要另外制作立体化的存储空间。这说明了业务处理方式将发生很大的变化。

不要把数字青瓦台的概念设定得过于庞大，只需要把它想成是政府信息化的一部分。通过改善业务流程、建立资料存储和共享系统、整顿复杂的报告体系以及对任务进行高效管理等，从而实现对国政运行情况的随时随地检查，这才是数字青瓦台的目标。总统信息系统只是一个概念性的事物，并不是单独存在的。要把它设定成为政府门户的概念，而青瓦台只是其中的一部分。要把青瓦台总统府看作是政府的一部分。

来源：数字青瓦台推广组呈递给总统的报告（2003年7月1日）

"易知园"名字的由来

2003年10月，数字青瓦台建设工作即将接近尾声。当时针对数字青瓦台系统的名称，向总统府的全体工作人员进行了公开征集和投票，最终选出了"易知园"这个名字。在公开征集活动中，共有三个候补名称：①易（e）知园（数字化知识花园）；②我们大家（卢武铉总统在担任国会议员期间开发的业务管理程序的名称）；③e青瓦台（数字青瓦台）。在三个名称的投票结果中，46.2%的人偏向于易知园，因此系统被正式命名为易知园。e青瓦台（数字青瓦台）以44.1%的支持率排在第二位。从支持率来看，两个名字不相上下。投票结果显示，年轻人更倾向于易知园，而年长的人则更喜欢e青瓦台。这也从侧面说明了，参与政府的青瓦台有很多年轻的血液。

年轻工作人员之所以选择易知园，有很多说法。当时，李瑞镇和河智苑主演的电视剧《茶母》点燃了2003年的夏天，用"废人"来形容对电视剧的狂热粉丝，貌似就是从这部剧而来。而青瓦台进行名称投票的时候，正是这部电视剧刚刚播完不久，河智苑的人气正旺。所以也有可能是青瓦台年轻人对河智苑这个名字念念不忘，在不自知的情况下就把票投给了易知园。易知园上线运行初期，以部门为单位进行了变革管理教育。当被问到对易知园会产生什么联想时，有的职员甚至开玩笑说："当然是河智苑了！"

事实上，易知园这个名字包含了线下的青瓦台绿地园和线上的e知园两种含义。青瓦台里面专门接见外宾的场所被称为"常春斋"。在常春斋前院，有一片绿地园，是青瓦台的代表庭院。就像这片绿地园一样，易知园也能够代表青瓦台知识花园的空间。同时，易知园作为使用简便的统一化业务管理系统，被寄望于成为青瓦台的另外一个象征。起初，卢武铉总统对易知园这个名字不是很满意，因为他个人觉得这个名字太局限于青瓦台了。出于对职员们投票结果的尊重，他并没有推翻投票结果，但心里总归是有一点别扭。但是，只要是在易知园的说明会上向别人介绍这个名字的含义，多数人都会竖起大拇指称赞这是一个好名字。这一点多少为卢武铉总统带去了一丝慰藉。

来源：《无总统状态下的工作（2017）》参与政府易知园的故事，中篇

第二章

易知园和系统化民主

大韩民国是一个民主化国家。但当被问到民主是什么，很多韩国民众并不能作出准确的回答。尤其是被问到民主决策是什么的时候，大多数人都把它等同于"少数服从多数"原则。这虽然不是错误的答案，但也不是正确的回答。所谓民主决策，是在充分收集各种人的意见的基础上，大家相互对话交流，彼此妥协之后，最终达成一个共识的过程。政府的工作方式正应该像民主决策一样。但是，韩国政府的权威主义和各部门间的壁垒正在妨碍政府作出公开透明和高效率的决策。怎样才能够让政府在业务处理过程中，一起共享、讨论，并最终完成决策？为了展现出"系统化民主"精神，设计易知园的工作方式并非易事。

系统化民主与易知园的开发

系统化民主

卢武铉在易知园的开发过程中,充分展现出了自己所强调的"系统化民主"精神。针对易知园的基本开发方向,卢武铉曾说过下面这些话。

> 无论系统有多么出色和精妙,系统的使用者们如果不能完全消化系统的使用方法,那么系统将一无是处。应该让使用者们能够在最短的时间内适应新的系统。行政业务的基本格式是文本报告,用定量化手段难以计算的情况非常多。比起统计学的数字,以日志的形式来记录推进过程的汇报方式更为有效。各类报告的形式大同小异。报告形式的信息化处理应该与真实情况保持一致。系统的操作环境越是接近实际业务环境,系统的接受程度也就越高。

易知园并不是将原有的高利用率通用系统与政府的工作相匹配,而是从零开始,制定了与政府业务特性相适应的新标准。难度自然而然也就提高了。也就是说,易知园在设计的时候,充分考虑了使用者的便利和真实业务环境。这在表面上看起来与系统化民主没有关系,但其实不然。

卢武铉作为团队的一员参与了易知园的开发。这件事本身就非常具有民主的色彩。卢武铉本人并不是向开发团队发号施令，而是以成员的身份提供意见，与其他开发者一起共同讨论和协商。在开发的过程中，从文件管理等大的理念设计到微小的程序设计，开发团队都展开了激烈的讨论。举个例子，针对个人用户界面的设计，经过团队的讨论后，最终决定以同样的理念去设计总统、长官和局长的用户界面。这是因为无论职位高低，只有使用统一的操作界面，才能够让沟通变得更加容易。另外也考虑到总统是最终接受汇报的人，而长官们有时向总统汇报，有时候也会向同级别的其他部门长官汇报，因此需要统一用户界面。总统、长官、局长、科长和一般职员只是汇报方向和职级不同，但所有人的工作理念应该是相同的。因此，卢武铉总统在设计的过程中一直强调应该以同样的理念去构思和设计个人的操作界面。

参与政府时期，国务管理系统从过去的"青瓦台（总统府）—总理—行政部门"垂直型的关系，转换成了全新的水平型协作关系。因此前述的个人操作界面组成形式具有十分重要的意义。伴随着这种变化，总统府秘书室内部也建立起了全新的运营体系。政策的制定不再由总统和总统的心腹独自决定，而是通过会议和讨论来挖掘议题，在与相关部门进行信息共享和协商后，再向上汇报。这种改革，可以说打破了过去的威权主义和各部门之间的壁垒，从而依靠"全新的领导力和系统"来治国理政。为了提升革新的效率，参与政府将操作系统的落地设为重要目标，并将革新的终极目标阐释为：只需"系统和操作手册"，系统化民主就会自然而然地运转起来。

易知园的开发过程和理念都是对民主决策过程的最好实践。易知园的目标曾经是将韩国政府行政业务的全部处理过程进行标准化和系统化，这在整个世界范围也是一次史无前例的尝试。为了让创意更加丰富多彩，整个开发过程留下了开发人员日夜苦思冥想的痕迹。由于没有任何可参考的案例，开发团队需要对所有内容进行全新的系统化，因此不得不一边分析行政业务，一边进行开发工作。在这个过程中，各种各样的创意层出不穷。为了能够用 IT 系统将这些创意表达出来，开发团队内部展开了持续的讨论。甚至有人将易知园的开发过程比喻为一个没有结局的故事（Never Ending Story）。

如果将整个开发过程进行简要概括的话，可以分为下列几个阶段（具体的开发过程，可以参考《附录1：易知园的开发过程》）：

- 2003 年 3 月，青瓦台开始投入使用初始的小组件；
- 为了建设数字青瓦台，确立了信息化战略（ISP, Information Strategy Planning）；
- 数字青瓦台第一轮建设：正式开放了以业务日志记录方式为中心的易知园系统；
- 数字青瓦台第二轮建设：搭建文件管理系统；
- 数字青瓦台第三轮建设：搭建课题管理系统，同时分阶段完善各个系统的功能。

易知园的核心功能

从图 4 可以看出，易知园包括①文件管理和②任务管理两个核心功能。这两个功能位于图上最中间的位置。政府的行政业务大多数都以文书报告的形式呈现，两项核心功能的设置充分考虑到了政府业务的这一特点。文件管理功能是为了能够通过文件将工作的整个过程和业绩成果进行系统化的管理。此外，政府的全部业务包括文书报告和其他形式的工作，将这些工作按照不同任务进行分类，然后以任务为单位，对业务的目标、

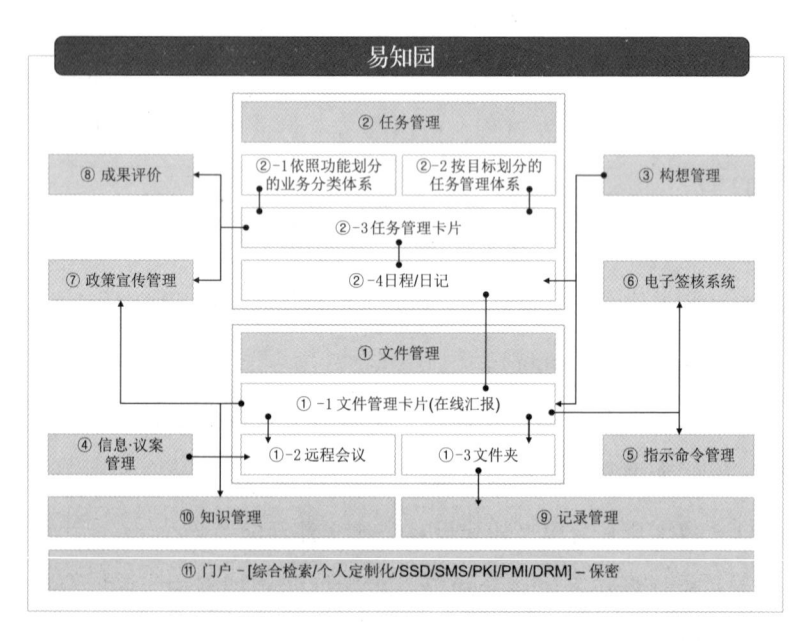

图 4 韩国青瓦台总统府业务管理系统——易知园概念图

计划和实际成果进行系统化管理，也就是功能②任务管理的主要内容。借助于文件管理和任务管理这两个核心功能，不仅完成了政府业务流程的系统化，也保证了政府政策决策的系统化。可以说，这两个是系统化民主的核心，易知园通过这两个功能，实现基于系统的民主决策。接下来将进一步详细介绍每个功能与其他功能的连接性。

文件管理功能以文件管理卡片为基础，由（①-1）文件管理卡片和（①-2）远程会议组成。文件管理卡片内的文件不仅是远程会议的支持文件，同时，文件管理卡片内部的汇报文件，将根据部门的不同分类保存在（①-3）文件夹里面。

任务管理功能由（②-1）依照职能划分的业务分类体系、（②-2）按目标划分的任务管理体系以及（②-3）任务管理卡片组成。按照职能划分的业务分类体系对组织机构的职责进行定位，按目标的任务管理体系则是对组织要实现的目标进行定位，任务管理卡片则是以（②-2）为基础，管理个人所要执行的与组织整体职责和目标相匹配的任务。任务管理卡片可以管理不同任务的目标、计划以及推进成果。为了最小程度地避免重复录入问题，开发人员在设计系统的时候，将任务管理卡片与其他功能相连接，让操作人员在制作文件管理卡片时能够选择不同的任务，并根据课题自动存储相关联的文件。没有形成书面文件的工作，则是通过（②-4）日程和日志管理来完成存储和积累。这样一来，就完成了对书面文件和非书面文件两类工作的管理。另外，通过与⑦政策宣传管理的连接，所有任务都能够从最初计划开始，在每一个执行阶段都能够向全体国民准确传达政策实际情况。

另一方面，（②-3）任务管理卡片也和⑧成果评价相连接，以任务管理卡片所记录的工作成果为基础，对每个工作人员进行公正透明的业绩评价。以①文件管理和②任务管理两大核心功能为基础，逐渐积累起来的所有材料，都与⑨记录管理和⑩知识管理相连接，从而将行政业务的全过程——记录在案，使得业务的顺利交接和业务相关知识的活学活用，更加顺手。

除此以外，为了实现对政策构想的主动管理，将③构想管理、④信息·议案管理（管理信息采集）、⑤指示命令管理、⑥电子签核系统相连接，构成了政策构想管理系统。在建设易知园之前，青瓦台只是系统化地管理电子签核后最终被批准的文件。在参与政府时期，易知园系统不仅实现了政府业务流程的再造，也实现了对①-⑩所有工作过程的管理和记录。这是易知园的一大特征。

图中⑪门户的功能是根据职级的不同，对工作人员的系统权限进行设置，以便实现滴水不漏的网络安全管理。第三章将对易知园每一个功能的具体设计理念、使用原则和操作方法进行进一步的详细说明。用一句话来概括易知园的核心价值，就是用各种丰富的功能来管理各种记录。同时这些功能有机地连接在一起，又衍生出了更多的功能。这些功能让参与政府时期的总统府发生了翻天覆地的变化。

易知园带给青瓦台总统府的积极影响

在青瓦台总统府内部，包括总统和一般行政人员在内的所有公务员都是切实规范地按照易知园的工作方式来处理业务。因此，易知园的实际使用效果是惊人的。虽然很难收集到能够定量衡量易知园价值的数据，但下面的几个案例足以说明易知园给青瓦台总统府带来的积极影响。

最初投入使用易知园时，由于不熟悉这种信息化的系统办公方式，很多工作人员怨声载道，甚至有人觉得是易知园妨碍了工作。但是不到三个月，很多人就开始表示如果没有易知园的话，将无法处理自己的业务，更不用提向总统汇报了。易知园所具有的透明且迅速的业务处理功能和方便调取及查询功能，使得当时青瓦台的工作人员在很短的时间内便融入了易知园的工作方式。不仅如此，很多工作人员在使用易知园工作的过程中，由于能够直接向总统汇报，工作的自豪感油然而生，并且怀着一份"记录历史"的责任心，在易知园上认真记录自己的工作。

当然，卢武铉总统本人强烈要求所有工作人员除极特殊情况外，所有业务均需通过易知园来汇报。总统的这一强烈意志和要求也起到了很大的推动作用。后来部分公务员在总统秘书室工作一阵子后，又重新回到了其他政府部门。这些人都表示希望政府部门也能够使用这样的办公系统。最终，易知园让总统秘书室的业务处理文化发生了翻天覆地的变化。这种变化使得"应该保留所有汇报的记录"的理念在总统秘书室生根发芽。由于业务处理的整个过程被毫无保留地呈现出来,"独断专行、偏见、无能、不负责任、拖延处理"等行为,都没有了滋生的土壤。公务员再也不用为了获得审批而费力讨好上级领导,也就有了更多的精力来高效率地处理工作和认真地撰写报告。

这种工作文化的变化,最根本的成就是提高了行政业务处理的质量。使用易知园以后,当青瓦台尝试着推进某项政策时,基于过去政策处理的全过程记录,只需要在易知园上进行检索,就能够找到过去相似政策的相关汇报记录和推进日志,为当前的政策制定提供很好的参考。不仅如此,决策者也能对下属的政策编制过程一览无遗,有助于决策者作出正确的决定。另外,业务执行过程中非常重视透明性和权责分配,自然而然就形成了政策实名制度。除此以外,业务处理信息和知识信息的共享变得相当活跃。

除了上述成就以外,几个数字也能够反映出易知园对业务执行效率的提升。从报告周期——业务负责人开始撰写报告到最终向总统完成汇报的全部时间——来看,过去除了十分紧急的情况,至少也需要一周,多数情况下则需要几周,甚至有时候由于总统的日程安排无法确定汇报时间,导致最终报告周期超过了几个月。易知园系统大大缩短了报告撰写前的资料收集和参考资料准备时间,也减少了报告检查相关的中间环节的非必要等待时间,平均一两天就能够完成一项报告的全过程。有一次，一位工作人员在提交报告的20分钟之内不仅收到了总统批注的修改意见，还发现任务执行命令已经直接传达给了相关人员。工作人员在下班前将报告书上传到易知园，总统在凌晨登录易知园检查报告并批示，这成为了参与政府时期青瓦台的一道风景线。

另外，远程会议也可以作为案例来说明易知园提升了业务执行的效率。调查显示，"筹备并参与会议"占据了青瓦台秘书室全部业务时间的20%。青瓦台每周举行一次由总统亲自主持的首席辅佐官会议。单是该会议的复印材料一个月内就有6000张之多，复印成本约为1500万韩元。远程会议免去了会议议案材料的印刷，即使无法亲临会议现场，也能够通过易知园的实时远程会议系统来观看会议在线直播，并查阅相关资料。会议结束以后，未参加会议人员也能够在易知园上随时检索并查看会议结果，极大地节省了会议的时间和金钱成本。

易知园让参与政府将青瓦台的工作内容清晰地记录在案，并进行了完备的管理，这是史无前例的，是一件十分有历史意义的事情。同时，易知园高效率地压缩了非必要的业务处理时间，为公务员创造了更加灵活和具有创造性的工作环境。

远程线上会议的重要意义

易知园之所以能够极大地压缩非必要的业务时间,这主要还是要归功于易知园的远程会议功能。青瓦台总统府一般会召开很多有关国务管理的会议。将这些会议从线下搬到线上,不仅节约了时间,也节约了金钱,更体现了信息化的民主。

远程会议其实就是无纸化(Paperless)会议。虽然有时候会议本身是在线下举行,但是所有会议材料都实现了在线共享,无须打印。虽然新冠疫情以来无纸化办公会议已经非常普遍,但是参与政府时期并非如此。总统秘书室最重要的一项会议是首席辅佐官会议。该项常设会议从2005年6月27日正式开始采用远程会议的方式。不仅首席辅佐官、其他辅佐官和秘书官可以参加会议,其他不能参加会议的工作人员都能够通过易知园在办公室收看会议直播(参见图5)。这不正是信息化民主的真实写照吗?

进一步对远程会议中的报告方法进行说明的话,就像图6中所展示的那样,业务负责人在撰写文件之后,将其共享给其他部门进行参考,并在他们的帮助下充分收集修改意见,在会议进行之前完成对报告的修改。此后,秘书官等需要内部汇报的相关人员对报告进行检查,并根据报告的主题和内容将其列入相应的会议路径,将报告上传到相应会议的议案保管文件夹。然后,由相应的会议管理者接受议案报告并将其登录为相应会

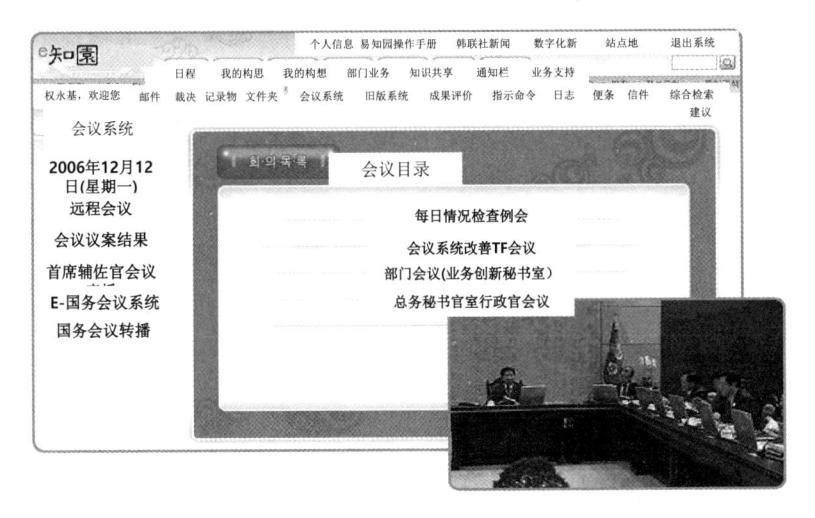

图5　易知园远程会议画面

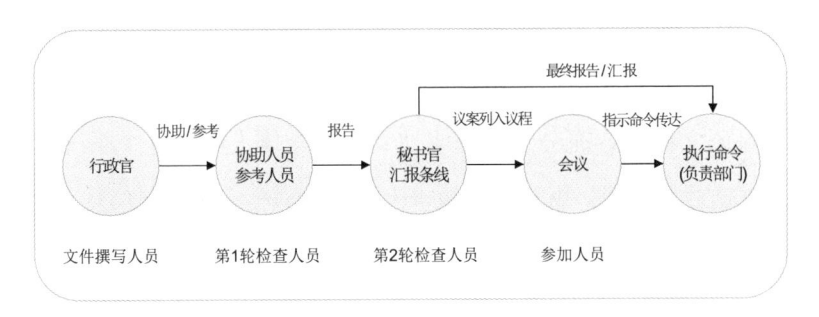

图6　文件管理卡片下的远程会议方式

议的议案。会议议案报告的全部过程都以自动化的手段在线上完成。在远程会议系统投入使用的初期，依然有很多工作人员习惯性地将会议材料打印出来，并分发给参会人员。但随着工作人员对系统的日渐熟悉，打印纸质化材料的情况日益减少，很多人都养成了开会前只把与自己业务相关的内容简单地记录在纸上的习惯。

远程会议不仅节约了纸张印刷这样的有形成本，也创造了更加便捷的会议管理、更加高效率的业务执行等更多的无形成果。

另外，远程会议系统以便捷的方式将会议资料共享给不能够直接参加会议的工作人员，同时也让他们能够很快地获得会议结果。通过文件管理卡片来选定会议议案，经过会议讨论后，立即在线上将会议结果向总统汇报，这也极大地提升了汇报的速度。此外，对于会议主管人员来说，过去即使材料中只有一页被修改了，也要重新复印后逐份地插入全部会议材料中去。易知园的远程会议系统大幅度地减少了类似的原始低效的工作，有工作人员表示能够亲身感受到工作效率的提升。通过远程会议来进行政策决策时，不仅能够保证文件内容的客观性，也能够保证文件内容充分公开透明地共享给全体人员。这个系统就像玻璃球般透明，就算是总统也没有机会"独享"任何信息。

易知园的推广尝试：理想中的政府业务管理系统

在参与政府时期，青瓦台率先通过易知园重塑了总统府的业务流程，让秘书室的工作更加系统化，实现了工作改革创新。在此基础上，青瓦台尝试着将这种改革创新扩展到整个政府。

为了将易知园推广到政府各个部门，参与政府在前期做了大量的准备工作。2006 年，参与政府制作了政府标准化模型，开始向行政自治部和 6 个示范政府部门推广易知园。到参与政府在任期的最后一年——2007 年——中央政府部门也开始使用与易知园类似的业务管理系统。为了在政府内部推广易知园，专家和使用者进行了大量的验证工作。当时，中央政府部门的公务员纷纷对这一系统表示怀疑。"这种业务管理方式太过于理想化"，"长官、次官（相当于中国的部长、副部长）等上级领导不知道会不会使用"等各种意见不绝于耳。但是，卢武铉亲自参与了 3 轮的长官和次官培训学习，强调改革政府工作方式的必要性，并希望领导们通过学习起到改革的模范带头作用。"On-Nara"系统的名字由此传开。可以说卢武铉本人对改革创新的强大意志和执着精神，为这一系统在政府部门的推广作出了重要贡献。

On-Nara 系统投入使用的意义远超过政府业务系统化本身。因为 On-Nara 系统是一个将 4.2 万多项政府职能和业务处理过程完成标准化和制度化后统一在一起的最先进系统。青瓦台的易知园系统和政府部门 On-Nara 系统所承载的使命有以下几点：第一，保证政府业务的连续性；第二，保证政府业务的交接能够顺利进行；第三，将政府的主要任务转换成实质性的议题并进行管理；第四，将所有业务的进行和裁决过程按照不同的议题进行在线化处理；第五，政府所有的工作内容都被记录在案并得以保存。从反复利用的角度出发，通过对高完成度的信息进行共享和体系化的管理，在整个政府内部践行民主。

从成果管理的角度来看，由于所有的政府工作都能以文件形式呈现，无论从定量角度还是定性角度都可以进行评价。由于业务推进过程变得可视化，裁决人员能够确定业务在哪一个阶段被拖延了。因此，各个部门都养成了以高度责任心积极推进业务的工作文化。业务执行的过程和结果均会被记录在系统上面，这保证了业务的连续性。即使是更换负责人的情况下，新来的人员也能够在最短的时间内掌握情况。

将前述内容进行概括的话，就像图 7 所展示的那样，极大地保证了政策决策的透明性和专业性。如图所示，将全部的政府功能以及议题的标准分类体系按照不同的职能划分为 6 个阶段，与此同时也按照不同的目标划分为 4 个阶段。在此基础上确立在线政策决策流程，并建立了任务单元的实时管理体系和国家政务议题的实时信息共享系统。

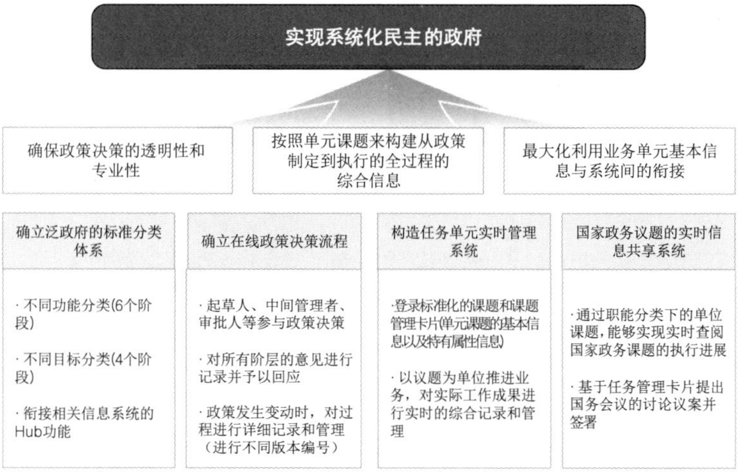

图7 政府业务流程再造及工作方式革新的目标

实现系统化民主的政府

- 确保政策决策的透明性和专业性
- 按照单元课题来构建从政策制定到执行的全过程的综合信息
- 最大化利用业务单元基本信息与系统间的衔接

确立泛政府的标准分类体系	确立在线政策决策流程	构造任务单元实时管理系统	国家政务议题的实时信息共享系统
·不同功能分类(6个阶段) ·不同目标分类(4个阶段) ·衔接相关信息系统的Hub功能	·起草人、中间管理者、审批人等参与政策决策 ·对所有阶层的意见进行记录并予以回应 ·政策发生变动时，对过程进行详细记录和管理（进行不同版本编号）	·登录标准化的课题和课题管理卡片(单元课题的基本信息以及特有属性信息) ·以议题为单位推进业务，对实际工作成果进行实时的综合记录和管理	·通过职能分类下的单位课题，能够实现实时查阅国家政务课题的执行进展 ·基于任务管理卡片提出国务会议的讨论议案并签署

与易知园一样，政府的业务管理系统也以文件管理和任务管理为核心功能，并以二者为基础搭建起来。就像图8展示的那样，各个部门的内部业务和对外服务统一相连。部门的业务范围由部门所承担的公共服务来决定，并且每个部门的业务处理也完全按照其所承担的公共服务流程来进行。这一系统在设计之初，所设想的理念就是按照政府部门的公共服务内容来对政府业务处理流程进行再造。这一理念逐渐发展成为了设计这一系统的原则。之所以会诞生这样的原则，是因为当时的政府希望所有国民都能够在自己希望的时间（Right Time），向自己希望找到的公务员（Right Person）提出公共服务要求，最终获得有价值的知识和信息（Right Information）以及服务。

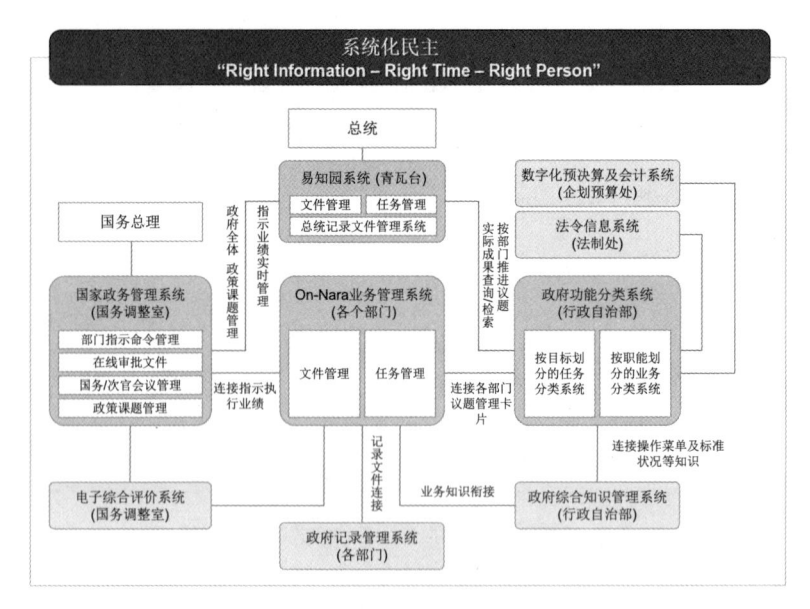

```
┌─────────────────────────────────────────────────────────┐
│                      系统化民主                          │
│      "Right Information – Right Time – Right Person"     │
├─────────────────────────────────────────────────────────┤
│                          总统                            │
│                                                         │
│              易知园系统 (青瓦台)         数字化预决算及会计系统  │
│              文件管理  任务管理           (企划预算处)         │
│              总统记录文件管理系统                            │
│  国务总理                              法令信息系统           │
│                                        (法制处)             │
│  国家政务管理系统      On-Nara业务管理系统   政府功能分类系统     │
│  (国务调整室)         (各个部门)           (行政自治部)        │
│  部门指示命令管理      文件管理  任务管理    按目标划  按职能划    │
│  在线审批文件                              分的任务  分的业务    │
│  国务/次官会议管理                          分类系统  分类系统    │
│  政策课题管理                                                │
│                                        政府综合知识管理系统   │
│  电子综合评价系统                        (行政自治部)          │
│  (国务调整室)         政府记录管理系统                        │
│                      (各部门)                               │
└─────────────────────────────────────────────────────────┘
```

图8　政府业务管理系统总览图

政府业务管理系统的益处大致可以被归结为以下六个方面。

第一，基于标准化系统的管理。通过搭建标准化系统，消除个人的业务特性，使得基于标准化业务流程实现的系统化业务处理成为可能。

第二，对原有的业务经验和秘诀的积累。这种积累使得源于业务负责人变更的错误率降到最低，同时又完成了不同负责人之间对业务改善方法的继承。

第三，任务的完成结果直接同个人和组织的成果评价自动相连。

第四，保证了行政管理的透明性和专业性。由于能够将报告中间过程中的各种意见进行毫无遗漏的系统化管理，最终决策人能够在通盘考虑后作出决策,使得决策的民主性及合理性得到提升。

第五,在调查了政府的所有职能后,从服务的角度打破各个部门之间的界限,完成了整个政府业务流程的系统化再造。根据政府的职能分类,能够随时将不必要的职能废止,将复杂或者不清楚的职能厘清并简化,将重复或者类似的职能进行统一,最终逐渐发展成为一个有机的基础系统,把以职能为中心的组织架构调整等各种各样的政府改革创新议题连接到一起。

第六,政务行政业务的实时汇总和监测管理。由于这一系统从政府公共服务的全盘出发,将全部的中央行政机构都网罗进了一个将任务、计划和战略相衔接的综合成果管理体系内部,因此使得悬而未决的国政管理事务与政府各部门正在执行的业务相连,实现了对政府行政业务的实时汇总和管理。

参与政府所推进的政府工作方式革新,将青瓦台总统秘书室、中央政府等全部的政府行政及公共服务业务都进行了系统化的管理。这种方式可能在一般的民营企业中也很难找到成功的案例。

备忘录报告：易知园与 On-Nara 的差异性

在政府内推广易知园的衍生系统 On-Nara 的时候，由于所有工作都需要在文件管理系统中以文件形式处理，有时就会发生需要撰写不必要的文件的情况。为此，On-Nara 系统专门投入使用了"备忘录报告"模式，充分利用原本已经众所周知的电子邮件系统来与政府行政业务的课题相衔接。

备忘录报告对电子邮件系统进行了程式化的处理。一般情况下，电子邮件系统并不会和行政业务课题相连，因此也就无法一下子掌握同一个课题下多个收件人的回复内容。与此相反，备忘录报告与业务课题相衔接，使得使用者能够对多个回复一目了然。由于备忘录报告能够迅速地将同一事项向多人公开，也就成为了汇集众意的有用工具。文件管理卡片和备忘录报告均由记录管理系统所管理，但备忘录报告与文件管理卡片不同，不具备公文效力。因此，行政机关进行公开决议的原则还是充分利用文件管理卡片来实现决策过程的公开透明管理。备忘录报告具有比文件管理卡片更简化的属性。因此与包括文件管理卡片在内的公文相比，备忘录报告的利用率更高。通过备忘录报告，顺利引导工作人员将所有的工作过程记录下来。就像图 9 展示的那样，与文件管理卡片类似，备忘录报告也能够在业务进行过程中收集各方的意见，并根据意见来撰写和修改报告。但是，与文件管理卡片的路径记录簿（请参考第 3 章的图 15）

中的意见不同，工作人员可以没有任何心理负担地接受备忘录报告中的意见，就像是通过电子邮件来互相交换意见。备忘录报告的这一特征，也使得公务员对其更有好感。

图 9　On-Nara 系统备忘录报告示例

制度与系统变革同行

韩国在参与政府时期，在卢武铉积极践行系统化民主的强烈要求下，总统秘书室的业务变革管理质量相对较高。但要完成对全部政府部门行政业务流程的再造，让政府部门也能够呈现业务系统化管理的工作文化，还需要更多的时间和精力。另一方面，由于韩国总统的任期只有5年。这对于工作文化的变革管理而言是一个不可逾越的时间障碍。不过，对政府办公制度的改革使得制度与系统变革相互结伴，让业务管理也完成向制度化的转身，从而让政府行政业务流程的再造和系统化变革也变得容易起来。

当时，在原有的"办公管理规定"中，只有加盖了电子公章的文件才被视为公文。这就使得在On-Nara系统中，政策决策者作出决策后，将文件管理卡片作为可以内外部流通的公文显得效力不足。因此，2006年3月29日对"办公管理规定"进行了修订，赋予2005年开始使用的行政自治部及试验部门的文件管理卡片以公文效力。另外，对On-Nara系统的效力也进行了规定。修订的具体内容如下：

第一，为了让各个行政机构的负责人能够更高效地管理业务处理的全过程，新的"办公管理规定"将设置并运营业务管理系统规定为负责人的义务。同时，行政自治部负责人应该针对业务管理系统的设置和运营制定并执行相应的支持计划。

第二，在业务管理系统里面，将任务管理卡片和文件管理卡片包含其中。任务管理卡片将行政机构所辖任务根据不同的职能和目标进行分类，结合业务处理流程进行管理；文件管理卡片则是将提案内容、决策过程中提出的意见、修订的内容和指示命令、最终决策内容进行记录和管理。

第三，以裁决者的电子文件签名和处理日期等标识内容为基础，文件管理卡片在裁决后成为公文。任务管理卡片及文件管理卡片则依照公共机构档案管理的相关法令进行管理。

第四，为了实现高效的业务管理，行政机构的负责人应该将业务管理系统与行政信息系统及其以外的与政府职能分类相关的系统进行相互连接并积极运营。来源于On-Nara系统的业务经验和成果应该得到充分的推广和利用。

第五，行政自治部的负责人要对On-Nara系统相关的格式标准和流通标准作出规定，并在制定出政府公文后公开发表于互联网。各个行政机构的负责人无特殊情况，均应该使用满足行政自治部负责人规定标准的On-Nara系统。

但是，"办公管理规定"的修订也只是为了推进On-Nara系统的使用而采取的临时举措。通过在On-Nara系统基础上建立起政府职能分类系统，使得任务分类工作、通过国政管理系统的指示命令管理、各种会议的运营和管理方案、电子签核的处理、国情热点议题的管理等所有的业务都能够依照政府业务管理规定进行制度化。韩国政务未来依然需要为了持续地推进这种制度化的变革管理而不懈努力。

政府的工作（业务处理）方式就像是一个黑匣子，很难把"它"变成标准化的系统。参与政府在5年之内对行政业务处理系统[①]进行了坚持不懈的修改和完善。卢武铉本人当时对易知园和On-Nara系统也是非常满意。2005年8月25日，卢武铉参加了韩国KBS电视台的特别节目——"参与政府走过两年半，聆听总统的声音"。当被问到"任内最成功的政策"时，他心满意足地回答道：

> 可能广大的国民们并不了解，我觉得是政府的改革创新。虽然还不能说已经取得了成功，但一直在非常有意义地进行着。其中最重要的成果是建立了总统秘书室业务管理系统易知园。单单只是想到易知园，就让我的心情变得很好。

2005年9月卢武铉在参加韩国MBC电视台一档名为"100分钟讨论"的时政节目时，被问到"最想留给下一任政府的财富"，他回答道：

> 数字政府业务管理系统（On-Nara）是电子政务的核心程序，希望它能够一直被沿用下去。

---

① 包括青瓦台秘书室使用的易知园系统以及在政府其他部门推广使用的On-Nara系统。

这两个系统，正是参与政府一直以来所追求的"系统化革新"的根本。此外，参与政府所追求的政府工作方式改革是公开透明处理政府业务和提供公共服务，目的是在最短的时间内回应韩国民众的核心诉求。这两个系统也正是这种工作方式变革的核心。

卢武铉逸事：总统是一位"万能修理工"

权良淑　女士

(故卢武铉总统夫人)

"万能修理工。"

"总的来说，卢武铉是一个好奇心十分旺盛的人。无论任何事情，都会有条不紊地摸清楚基本原理之后，再找到解决问题的办法。"

权良淑女士是这样评价卢武铉的日常生活习惯的。对任何事物都十分关心，绝对不会有随便了事的情况。如果遇到像是计算机这种新型技术产品，就更是有过之而无不及了。所以，卢武铉在买了一件物品之后，并不只是单纯地好好使用物品，一定要把整个物品从头到脚进行"分解"，才会心满意足。长此以往，一般的家电产品或者是生活用具出现故障的话，大部分都能够由卢武铉亲自修好后继续使用。

"有一次汽车坏了，他一动不动地坐了一会儿以后，突然起身打开了汽车的前机器盖，认真地查看起来。然后他找来了一根橡胶绳，把某个地方来回捆了几圈儿，车子竟然又发动了，结果平安无事地行驶到了维修中心。"

在家里面也是，基本上没有他修不好的东西。所以给他起了一个"万能修理工"的绰号。

"要说有什么不足的话，应该就是会经常出现一些小的失误。所以，他的手指头上总是会挂着伤口。无论大事小事，总是只有助手在旁边待命才能够干得像模像样（微笑）。另外，'工欲善其事，必先利其器'这句话，也是最适合形容他了。"

卢武铉对工具也有着令人叹服的执着精神。平常路过卖工具的摊子，他肯定不会轻易错过，要是有什么新鲜的工具，一定会非买不可。所以就任总统之前，私宅家里的工具真是应有尽有（除了还没出现的工具，基本上都有了）。在那种好奇心和求知欲的驱使下，他在1984年就购买了第一台电脑。

"当时办公室里还有一位打字员。他将这名打字员以及其他职员全部送去学院学习计算机。从那时开始，只要出现新型的计算机，他绝对会购买。这一习惯一直延续了下来。他要是更早一点儿见到计算机，现在可能正在运营自己的创业公司了（微笑）。"

1988年开始从政以后，卢武铉更是深切地感受到了计算机的必要性。也是从那时候开始，从早晨出门到晚上归家，每天都要收到数十张的名片。他每天都将收到的名片按照见面日期的顺序，或者是地址和姓名的顺序分类保管。尽管如此，名片的数量还是多到了无法进行正常整理的程度。

所以，为了系统化地管理不计其数的名片，他开始埋头开发一种软件。但对于当时的普通人来说，"计算机"这种事物很难引起大家的兴趣。为了开发这个软件系统，首先需要一张能够理清楚概念的"设计图"。所以在制作这张设计图的过程中他没少被家人埋怨。

"平常就不用说了，即使在过节时去农村或者是和家人一起野餐的时候，他也总是只专注于自己带着的一堆材料。而且，一有机会就会跟大家说一些很难理解的'程序设计语言'。试问家里人谁会觉得这些无聊的'语言'有意思？"

而且当时对计算机程序感兴趣的人，基本上都是专门从事这一领域的人士。但无论是见到谁，他都会拉人家坐下谈谈计算机。虽然这是一段无人理解的孤独"战斗"，但他从来没有想过停止。

1994年卢武铉竞选釜山市长时，这套程序被正式开发出来。

"设计工作有了一定的眉目后，他决定雇佣一个计算机专业的大学生来兼职开发。当时我们一家人住在汝矣岛的公寓里，还专门腾出来一间门房让学生在里面工作。"

但是没过多久，这个学生糟糕的生活习惯让全家人都难以忍受。这个学生白天做一些与工作毫不相关的事情，直到晚上才闹哄哄地开始工作。最后还是在麻浦给学生找了一间商务公寓，卢武铉果然还是一有时间就跑到麻浦和学生一起工作。

"在竞选釜山市长期间差不多也是这个样子。在百忙之中抽出几天时间来首尔的话，也一定是先到麻浦跟学生一起熬夜工作。这样的日子数不胜数。"

在这么兢兢业业的努力下，终于开发出了一个叫作"Know—how"的计算机程序。这个程序后来经过改良，演化成了一个叫作"我们"的程序。从第一次接触计算机到现在，除了儿子以外，周围几乎没有理解他的人。周围那些不太了解计算机的人要是说了"一个法律工作者为什么要钻研计算机"这样的话，他的回答通常是："计算机这个事物本身，就是完全建立在有'逻辑'的构造之上的，跟法律相通。"

"几天前在参加一个与计算机有关的活动时，他说'因为跟这些计算机专家非常聊得来，心里从来没有感觉到这么舒服过'。我在一旁听着，心里默默地觉得这下可好了。"

来源：《青瓦台业务管理系统易知园开发白皮书（2006）》中篇

易知园成果数字面面观

2004年11月,随着易知园文件管理系统的投入使用,青瓦台正式开始借助这一系统来完成工作汇报。到2005年2月末,总统在4个月内共收到了958份在线报告,差不多平均每个月处理240份报告。总统对其中的199份作出了进一步的指示,另外同一时期还作出了127条业务指示,并针对系统提出了48条改善建议。如果根据不同的时间段来看,总统在晚上11点到12点期间,共处理了985份报告中的14%,即138份报告,在晚上10点到11点期间共处理了117份,在晚上9点到10点期间共处理了72份,晚上8点到9点之间则处理了76份。即使是在很多正式活动结束后的下午5点到6点期间,也处理了98份。这是一个很高的记录。凌晨12点到1点以及凌晨1点到2点,则分别处理了51份和35份。可以看出,虽然已经下班了,但是总统的工作并没有结束。甚至是清晨5点到6点和6点到7点之间也分别处理了1份和4份。这样看来,总统只有凌晨2点到5点之间没有处理过报告文件。

如果总统对报告满意,有时会批注一句"已仔细阅读并知晓",有时甚至会写上"已经非常仔细阅读并知晓"来表达自己非常满意。总统经常会对周一首席辅佐官会议上提出的汇报进行指示。总统偶尔也会对自己满意的报告写上希望公开的建议。比如说，"已仔细阅读，共享给大家怎么样？""感觉这是一份应该让全体国民看到的报告"，等等。当然，也有或是一针见血或是委婉含蓄的批评与指责。直言不讳的例子包括"希望政策室长能多加注意""请进一步讨论以后再汇报"等。有些批评十分委婉，但却直中要害。"秘书室上传这种没有主旨的文件有些过分了，麻烦下次概括一下要义""麻烦请计算一下总统为了处理这一件事需要花费多少时间""光是阅览就需要30分钟"，等等。总统在使用过程中一旦发现不便或是困难之处，立刻会作出改善系统的指示。不久前，有一份很费功夫的文件由于一些差错在系统里消失了，总统立刻发出了一份指示文件，在文件中表达了自己的叹息和疑问："在作出了一次相关的指示后，想确认一下原文是否被原封不动记录下来，于是点开了'已处理文件'，发现文件处理、相关指示、原文记录都没有。"

参与政府执政以来，卢武铉总统能够与工作人员毫无芥蒂地交流，彼此能够推心置腹地谈话，可以算是参与政府以来的青瓦台文化之一。借助于易知园，对话的深度和广度通过网络得到无限延展。工作人员能够亲自见到总统偶尔会出现错别字的笔迹。

敲击键盘的总统传出了有温度的语言。

来源：参与政府附属室长尹泰英的《国政日记》(2005年3月21日) 中篇

易知园部门间推广及专利申请

2005年，易知园在青瓦台已经投入使用，卢武铉总统在"政府改革创新动员会议"等场合介绍基于易知园的青瓦台工作方式，并要求聘请专家来调查和验证这种方式是否能够推广到中央政府部门。于是青瓦台专门召开了一次说明会，邀请各行政部门和各界专家团体对易知园进行检验。一般来说，总统开发的产品肯定会直接下令让别人毫无条件地接受并使用。但是，卢武铉并没有这样做，而是要求在专家们充分地调查和验证后，再基于结果来决定是否将这一系统推广到其他政府部门。

为了对易知园进行调查和检验，将专家团队分成了公务员、公共管理专家和IT专家三个小组。首先，公务员小组对缩短当面报告时间表示出了极大的兴趣，但也对市民团体或国会等机构的信息公开要求表示出了忧虑。其次，公共管理专家小组认为公务员公开透明的行政业务处理，能够提升政策的质量，并对青瓦台的这种工作方式表示赞叹。最后，IT专家小组指出了易知园与原有的电子裁决系统的差异，对行政业务处理的整体流程设计印象十分深刻。部长和副部长等地位高的公务员为了接受这种变化，需要一定的心理适应期，能否做好变化管理的工作则令人担忧。三个专家小组对此意见高度一致。此外，专家们还指出，应该通过连接预算或人事评价等原有系统，避免出现公务员二次作业的情况。

卢武铉总统对专家们的评价结果十分满意。他在担任国会议员期间，自费2亿韩币开发了"Know—how 2000"操作程序，并为此倾注了大量的时间和心血。当时专家们对这个程序的评价非常糟糕，认为操作流程太复杂，设计得过于细致而不适于大范围使用。但是，易知园却得到了专家们的一致认可。

此后，易知园在行政自治部的主管下，结合不同部门的特点开发出了标准程序，并通过试用的方式，推广到了中央政府部门。现在这一名为"On—Nara"的系统也仍然在用。但令人遗憾的是，现在公务员们只是在形式上使用电子裁决等基本功能。改革和创新公务员阶层的工作方式看起来真的不是一件容易的事情。如果没有社会的要求和国民的要求，是不会成功的。

在易知园向中央政府部门推广的时候，还将易知园的工作方式中的文件管理、任务管理等业务处理方式（即商业模式）进行了专利申请。众所周知，卢武铉总统是一位创意无穷的发明家。他在准备司法考试时，还发明了读书支架，并申请了专利。卢武铉起初只是先去确认能否申请专利。下属人员就去调查了一下专利申请的可能性，并向总统提交了可以申请的报告。卢武铉表示希望与开发者们一起申请专利。

对开发者个人来说，能够和总统一起成为专利持有人是一件十分自豪的事情。但是，究竟应该放谁、专利股份如何分配等问题却十分棘手。在开发易知园过程中贡献最大的附属室以及业务革新秘书官室的几位工作人员被选为了开发共同参与者。向总统汇报后，附属室表示出了强烈的"让贤"意愿。最终，卢武铉总统以及担任业务革新秘书官室的康太荣、闵祺瑛、朴京永、赵美娜等4人选为共同参与者，成为了公务员职务发明专利的所有人。

来源：《无总统状态下的工作 (2017)》，参与政府易知园的故事，中篇

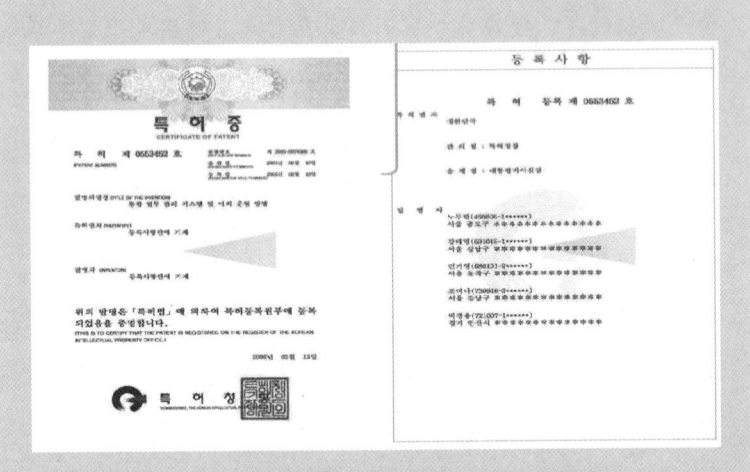

图：易知园专利证书

第三章

易知园的 6 条
基本工作原则

在2007年由世界经济论坛（World Economic Forum）发布的全球竞争力报告中韩国排名第11位，这是韩国在此项排名中的最好纪录，此后便一直呈下滑趋势。在2016年的排名中，韩国在138个国家和地区中排名第26位，已经落后于日本、中国台湾、马来西亚等国家和地区。

特别是在"政策决策的透明性"这一分项指标中，韩国从2007年的第34位大幅下跌到了2015年的第123位。而在"公务员决策偏差"指标的排名中，韩国从2007年的第15位下跌到了2015年的第80位。这种退步的原因，可能是源于威权主义痼疾的再次蔓延，也有可能是因为工作的依据和标准在李明博及朴槿惠政府并没有得到贯彻执行。如何改善这种日益不健全的政府工作方式？可以从参与政府时期易知园的工作方式革新中找到答案。

易知园的理想工作方式

　　世界上最好的工作方式是什么？实际上，处理工作的过程比工作的结果更重要。美国著名的质量管理专家爱德华兹·戴明（Edwards Deming）最早提出了 P–D–C–A（Plan–Do–Check–Act）循环概念。如果根据这一概念来定义并管理工作过程的话，将极大地提高和改善工作的质量。P–D–C–A 循环的意思是："在执行项目或者工作时，需要首先设定预期达成的目标，然后制定能够实现目标的具体计划（计划，Plan），并将计划付诸实施（执行，Do），在计划执行的过程中预测计划的结果，以此来检查（检查，Check）目标能否正常达成，如果出现问题，则及时采取适当的行动措施（行动，Act），以保证最初设定的目标能够顺利实现。"活用这一方法，将非常明确地把握住预期的工作目标，而且也能够在工作执行过程中检查是否是沿着既定方向在开展工作。一旦发现了影响目标完成的问题，能够及时采取相应的措施，保证目标能够顺利完成。如果遇到同样的工作，借助于工作经验，则能够进一步提高工作的效率。P–D–C–A 循环几乎能够适用于所有的工作领域，因此可以称得上是魔法般的管理技术。

　　政府的行政业务也不例外。尽管卢武铉总统从未提到过 P–D–C–A 循环，但他曾经说："管理业务处理过程这件事情，就是要实现业务流程的标准化。重要的事情并不是要知道 A，而是要知道为什么在 A、B、C 中间选择了 A，这才有助于作出准确判断。只有理解了选择的过程，才能够准确定义出判断的基准。因此不仅要按照业务单位分析全部要做的工作，也应该对工作的概念、信息的概念、文件的概念以及处理三者过程的基本概念都有一个通盘的了解。"

为了推进公务员阶层的工作方式革新，易知园所期待的理想工作方式是"通过对政府工作流程和管理方式的标准化再造，实现基于系统的透明且专业的工作方式"。这句话也是对易知园的高度概括。虽然易知园的形态和功能比较难以理解，但是如果将易知园的工作方式放到具体的业务流程中，就会很容易。

易知园的业务流程包括"日程—我的设想—我的业务—部门业务—知识/评价/记录管理"。事实上，这一流程与 P-D-C-A 循环非常类似（参照图 10）。以此为基础，易知园的系统内部所蕴含着的工作方式可以被总结为 6 条基本工作原则：（1）严谨详实地记录；（2）遵守文件管理标准；（3）进行工作分类；（4）领悟工作目的；（5）梳理工作内容；（6）记录管理的义务化。

参与政府时期利用易知园进行政府业务流程再造并进行变革管理的过程中，其所强调的原则与 P-D-C-A 循环类似。易知园所强调的工作方式革新实际上与世界商界流行的业务管理概念十分一致。P-D-C-A 循环之所以会出现，是因为当时的美国企业希望通过对工作流程的高效管理来提升产品质量，从而可以像日本企业那样以高质量管理获得知名度。因此，通过 P-D-C-A 来说明易知园对政府工作方式的革新也未尝不可。

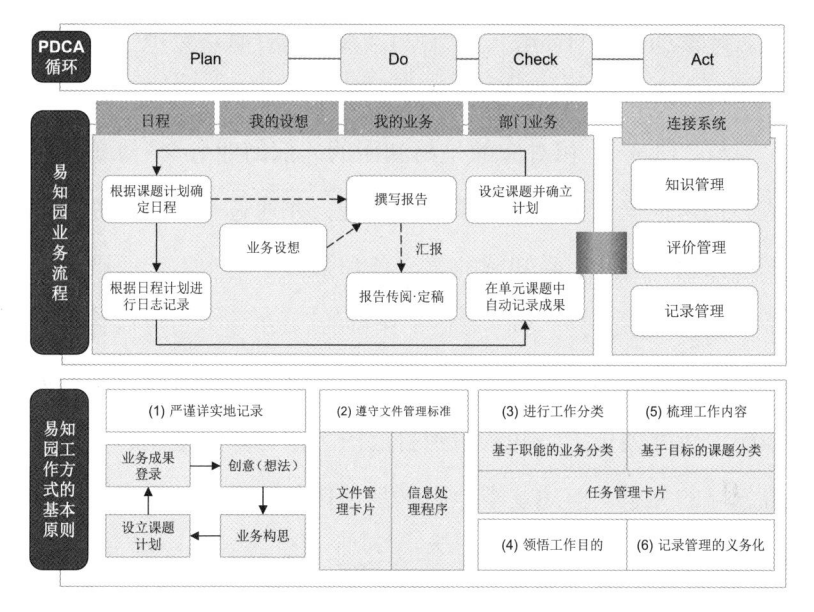

图 10 易知园政府业务处理流程及 6 条基本工作原则

图 10 的"易知园业务流程"中，左上方两栏的"日程"和"我的设想"是系统使用个人的操作空间。与"戴明环"（即 P-D-C-A 循环）的目标设定及计划建立阶段的"Plan"相比，易知园的范围更广泛。在设立目标和计划之前，易知园还包含了对业务进行创意（想法）和构思的过程。工作人员可以根据设立的计划来制定个人的业务日程，并结合业务日程以日志的方式来记录工作业绩。由于"记录"是最重要的环节，"严谨详实地记录"才被定义为易知园第一条基本工作原则。

接下来，与执行阶段的"Do"相对应的是通过"我的业务"来管理决策过程。由于大量的政府行政业务都是以文件报告的形式执行，易知园借助于"文件管理卡片"的报告格式，实现了文件处理流程的标准化。所以,"遵守文件管理标准"被定为易知园的第二条基本工作原则。

与"Check"相对应的是易知园的"部门业务"。易知园的核心正是根据业务分类体系设定课题,并通过"部门业务"来管理课题。因此,易知园的第三条和第四条基本工作原则分别是"进行工作分类"和"领悟工作目的"。工作人员可以将自己的工作依次分类为单位课题,明确自己的工作在政府整体业务职能中所处的位置,并认识到自己的工作与政府整体的目标有着怎样的关系。前述基本原则都基于任务管理卡片实现了标准化。过去,公务员阶层的工作文化是只完成被分配到的工作,部门之间很容易形成利己主义。易知园的标准化正是对这种文化进行革新的中心所在。

最后是与"Act"相对应的知识管理、评价管理、记录管理等系统。基于已经记录好的业务设想、计划和业绩,将"梳理工作内容"设定为易知园的第五条基本工作原则。通过这三个系统,完成了系统化治国理政的成果积累,并作为知识得以活用,让其成为了公正评价的基础。最后,易知园的第六条基本工作原则是"记录管理的义务化"。这是公务员阶层与民间私营部门的工作方式中差异最大的地方。大部分失败的政策或是国政混乱的局面都是来源于没有认真实践第六条原则。当然,最根本的原因是没有对行政业务的全部过程实现系统化的管理。

易知园的操作菜单系统

不同于普通的组件，易知园的操作菜单是根据政府业务流程来设计的，以便能够顺利处理业务，这也是易知园操作菜单的最大特点。另一个特点是将线下的"办公桌"和"办公室"原封不动地装进了系统里面，只要登录易知园，无论何时何地都能够轻易地利用系统内的"在线办公桌"来完成工作。易知园的操作菜单可以大致分为日程、我的设想、我的业务、部门业务等几个核心功能以及实时共享、通知栏、业务支持等几个附属功能。接下来简单介绍一下几个核心功能的作用。

易知园初始界面

"日程栏"是根据个人所要执行的单位课题来设定日程计划，从而执行业务的条块区域。工作人员每天早上一上班，首先通过日程栏来确认青瓦台的日程以及自己所在部门的日程，然后设定当天的业务计划。基于日程栏，个人业务执行结果将以报告或者日志的形式记录在案，在不同课题下积累起来的这些文件就成为了进行业务评价的基本材料。由于日程栏的这一功能，每天早上日程栏的操作就成为了公务员完成一天工作的第一道门槛。

"我的设想"这一栏用于管理媒体信息、参考资料和学习资料，使用人员能够在这一操作区域根据自己的个人兴趣来管理个人的想法和创意以及那些能够有助于工作的各种素材。将各种能够厘清工作头绪的线索保存为备忘录后，既可以自己管理和使用，也能够共享给他人。卢武铉总统曾经将这一栏充分活用为与参谋们一起构思和撰写演讲文稿和书籍的空间。

"我的业务"可以算是将个人办公桌上的审批文件夹数字化的空间。在这里可以撰写与业务执行有关的文件、检查和处理上传文件的报告、下达指示命令以及确认和管理各个业务部门下达的指示命令等各种业务，同时还包括了远程会议的功能。"我的业务"区域实现了对行政业务文件处理过程的在线化管理，并且将业务过程中的所有信息都进行了详细记录。这样不仅确保了行政业务的透明性和专业性，也让被终止的文件可以作为业务知识进行再利用。

部门业务栏是将部门的"文件柜"转移到了数字空间。当需要材料的时候，不仅不需要找到同事们一一进行确认，还能够对其他人正在执行中的业务一目了然。不仅如此，由于任何时候都能够轻松掌握所属部门的核心任务以及达成目标的预计时间，能够避免出现偏离个人业务方向的情况。另外，还能够查找到过去执行过的类似业务。如果需要对当时的业务执行过程进行回顾，可以查阅附属文件，从而避免犯与过去相同的错误。更进一步来说，通过活用任务管理卡片的检索功能，能够更简单地找到想要的信息内容来辅助自己的业务。不仅如此，还能够轻松掌握相关部门或者是行政部门正在进行中的业务现状，不一定非要通过电话和传真来解决问题。

来源：《无总统状态下的工作（2017）》，参与政府易知园的故事，中篇

第一条工作原则：严谨详实地记录

有句话说"会做备忘录的人也善于工作"，还有一句话说"只有做好备忘录，才能做好工作"。这两句话表面看起来很像，而实际包含的意思大不相同。易知园第一条基本工作原则强调的是"所有事情都要做好严谨详实的记录"，这是十分重要的。因为只有做好记录，才能够完成信息和知识的积累、共享和再活用，并完成公正的业绩评价。无论是何种信息或者创意，如果没有做好记录，实际上就丧失了它们本身存在的价值。举例来说，在找到了可以改善工作效率的方法时，只有把它延续下去，才算是取得了成功。如果半途而废的话，下一个人依然会犯同样的错误。到目前为止，韩国政府每当出现政权交替的情况，原有政权的工作方式革新也就不了了之了。

记录与理想的工作方式

做好记录其实也不只是为了自己，同时也是为了降低其他人出现同样失误的概率。在"茶山先生的知识经营法"中，有一句话是"思想很容易飘逝，不抓住的话就会消失得无影无踪。没有比记录更适合用于抓住思想的方法了"。如何才能够做好记录呢？

喜欢做记录的人一般会遵守两条基本原则。第一，无论何时何地，只要需要思考或是有任何想法时，一定会及时地做备忘录。第二，会按照一定的频率定期对自己记录的内容进行回顾和分类，从而充分地将这些记录利用起来。要时刻铭记做记录的初衷是为了能够充分利用记录的内容。不仅自己可以活用记录，也能够让别人来充分利用自己的记录。尽管偶尔也会出现无用的记录内容，但养成对记录的内容进行分类并充分利用记录内容的习惯是更重要的。

所以易知园系统将"我的设想"这一条块放在了"日程"栏之后。在"我的设想"中，实现了对各种参考资料和业务思考记录的系统化管理，并对这些记录进行进一步的升级，进而完成业务的模式化。"严谨记录后并留存"并非易事，为了能够做好记录，需要最恰当的工作方式。

虽然记录个人的想法和思想不是一件容易的事情，很多人也不会有这样的习惯，就会导致操作栏闲置。但基于以下逻辑，在易知园系统中还是将"我的设想"这一模块放置在了易知园的前端。一般情况下，源于某一个人记录的想法，虽然开始只是被这个人归结为自己的设想，但很有可能在某一个时机就拓展成为了整个部门的议题或者课题。也就是说，备忘录中的某一条内容不仅有可能被选为整个部门的课题，也有可能进一步发展成为上一级机构的全体课题。因此需要对这些内容进行阶段化的管理。

在"我的设想"这一模块里，通过"待办事项准备"子菜单来管理收集到的信息、参考资料和学习资料，从而实现对个人设想的系统化管理（参照图11）。为了高效地管理那些有助于

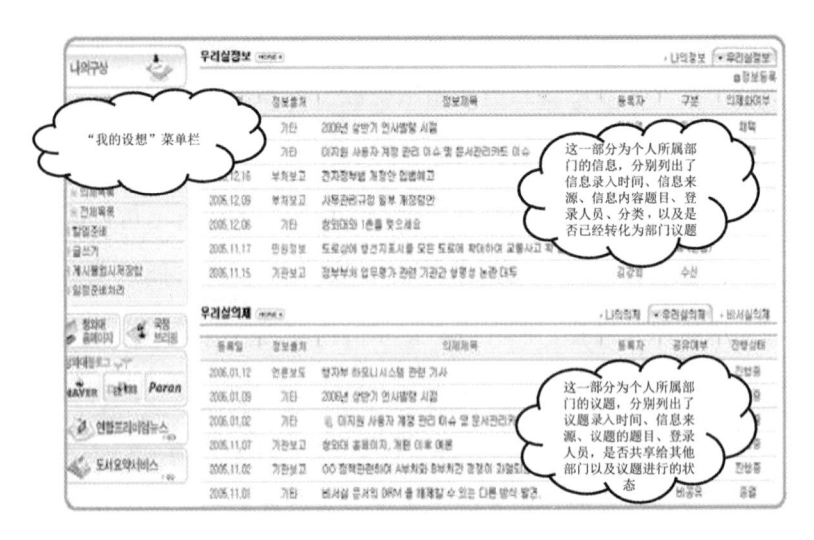

图11 易知园"我的设想"操作栏界面

工作开展的创意，工作人员可以在这里将想法转化为备忘录或是文件，并根据不同领域生成不同的文件夹。通过个人对自己的设想进行一系列的信息整理和丰富升级，就能够让这个想法发展为政府议题。

"我的设想"将个人的思想空间转化为线上流程，这种创意可能在世界的任何地方都无处找寻。记录并管理所有能够成为业务"线索"的内容，通过"待办事项准备"实现从个人想法到正式业务的转化。同时，这些工作均实现了在线管理，堪称是一种非常理想化的工作方式。这样的操作模块，对于那些拥有构思新工作和挖掘新创意才能的领导、企划专家或者是发明家也是十分有必要的。但是，这些构思和想法一旦被记录下来，被泄漏的风险就会提高，除非是有要与人协作的情况。

由于这种工作方式太过于理想化，在参与政府时期的总统府里，主要是卢武铉总统使用了如下的转化操作程序：在创意想法的诞生阶段就开始认真记录，之后再将这些想法进一步地具体化，进而将具体化的内容转化为议题。当然，虽然一些开发者为了测试系统也一起试用过，却只有卢武铉一人真正是出于自己的意愿，而严谨详实地记录了"构思—想法（创意）—议题"的每一个阶段。原因是卢武铉认为从构思阶段便开始进行记录和管理具有很高的实际效用。他曾说过："如果日后有了一些想法，通过检索系统内部积累下的与此相似的记录，就能够很快地了解自己先前的思考进程，然后在此基础上进行更深入的探讨。每个人都要经历这种构思和想法按部就班、有条不紊地具体化的过程。"

此外他还指出，"一个人也有必要亲身经历与团队共享自己的想法并将其升华的过程，也要经历将想法与其他小组成员的想法相碰撞，创造出协同效应的过程"。卢武铉坚信如果起草政策的高级公务员能够用这种方式来管理自己的政策设想，韩国的政策质量将达到全世界的最高水准。除此以外，他也坚信在必要时搭建与一般民众探讨政策的平台来公开收集有关政策的社会意见，可以真正实现为民施政。当然，参与政府时期也没能完全实现这一点。但由于IT技术已经得到了飞速发展，现在韩国民众的意识水准也实现了质的飞跃，完全有可能会自发地产生主动参政的需求。

在图9展示的"我的设想"界面中，除了以个人为单位的信息管理以外，还可以看到能够管理部门的共享信息（"我们部门的信息"）和议题（我们部门的议题）的部分。信息·议题管理功能在图12中得到了详细的体现。个人已经取得的客观事实或资料放在"待办事项准备"中进行管理，如果存在因需要以部门单位来确认、检查并共享的部分，就转化为"我们部门的信息"状态成为非公开阶段的资料。而其中需要通过部门会议或者是与相关工作人员的协商来确认的事实内容，则被单独保存为议题并进行管理。通过这一系列的过程，完成对业务线索滴水不漏的记录和管理，既可以减少业务处理过程中的失误，也能够预防各种问题的发生。

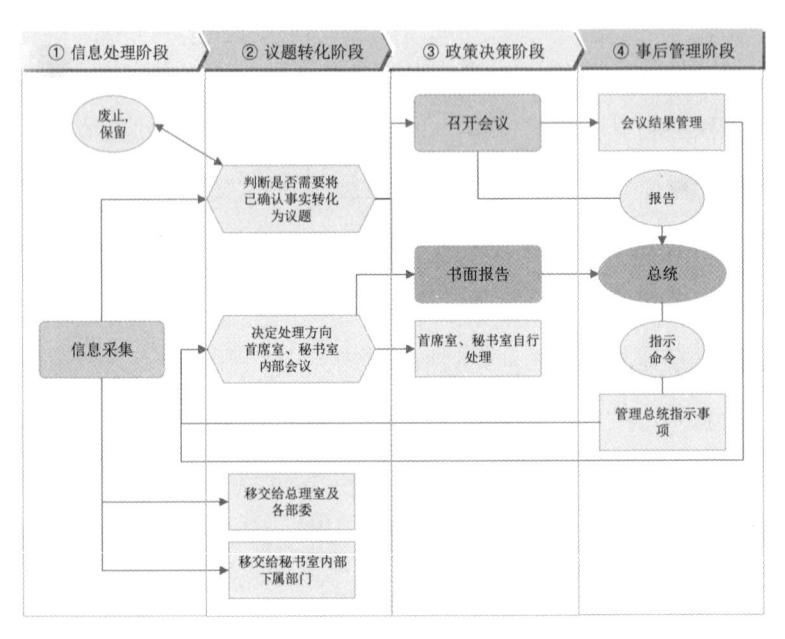

图12 参与政府总统秘书室的信息·议题管理流程

为了实现信息·议题管理，每个部门都会在系统上登录自己的负责人。负责人的主要任务是对信息进行分类和判断后，选择需要删除或者废止的信息，并将重要信息传达给其他部门。负责人的另一项重要工作则是将信息内容选定为部门议题。通过这种方式来管理青瓦台收集到的部委报告、信息机构报告、媒体报道、信访信息等各种信息，避免了信息遗漏或是丢失情况的出现。可以说，青瓦台业务的特殊性赋予了信息·议题管理非常重要的意义。

记录文化的胜利果实

在参与政府5年执政期内，将易知园开发为青瓦台业务管理系统，前后用了两年多的时间。因此最终实际使用易知园来记录各种内容也就不到3年时间。从离任前6个月开始，总统府工作人员在整理记录时，就深深地感觉到记录的数量和质量都有了很大的变化。如果将原本不被算作记录内容的日程和日志也计算在内的话，留存下来的记录数量是历届政府中最多的。尤其是这些记录不仅保存了有关决策的最终报告，也保存了与决策过程相关的各种参考资料。这些资料如果能够被下一任政府充分利用，就会成为提升政策质量水准的基石。令人遗憾的是，这些优秀的记录材料成为了国家记录院的"遗物"被丢在一旁。如果参与政府以后的两届政府能够一直坚持使用易知园的工作方式，也许就不会出现后来的国政混乱局面。而韩国政策的质量也完全有可能已经达到了世界其他国家无法比肩的程度。

严谨详实记录的技巧

易知园的菜单由"日程—我的设想—我的业务—部门业务"组成，业务处理全过程中最应受到重视的是"记录"。美崎荣一郎在《别告诉我你会记笔记》一书中说明了职场达人会怎样记笔记。他的方法中有一些技巧与易知园第一条基本工作原则——严谨详实地记录——有着极高的相似性。

荣一郎的《别告诉我你会记笔记》将笔记的种类划分为三种：记录突发奇想的备忘录笔记、汇聚信息的航母笔记以及记录业务进展的日程笔记。他一再强调人们做事情能否取得成功取决于是否熟稔笔记的使用方法和记笔记的态度。因为那些能够认真总结自己经验的人，会从经验中汲取知识养分，促成自己的成长。尽管持续不断地学习新业务技术也很重要，但比起这一点，更重要的是将这些技术记录下来，并完全吸收为自己的知识。除了脑海里保存的记忆，只有通过记录的方式才能够将特定时期的经验更好地储存起来。

如果说荣一郎的观点与易知园强调的系统化民主有所差别的话，那就是他认为即使在数字时代，直接手写的感觉也有助于创造出新颖的创意。这一点其实是仁者见仁，智者见智。当今时代，随身携带的智能手机让录音、视频以及拍照等方式都能够成为简单记笔记的方式。随着 IT 技术的发展，无论是何种形态的笔记，在所需时都可以转化为数字文件保存，完全可以根据个人取向选择合适的方式做笔记。记笔记的关键在于能够严谨详实地记录自己做的事情。未来易知园也需要逐渐升级为能够方便利用各种记录方式的高级系统。

《别告诉我你会记笔记》这本书刚好承载了喜欢记笔记的日本人的特征。但在某些方面与易知园又有所不同。如果将荣一郎《别告诉我你会记笔记》中的分类与易知园相关联的话，备忘录笔记就是"我的设想"，航母笔记就是部门业务的课题卡片，而日程笔记则是易知园中的日程栏。易知园比荣一郎的三种笔记更加简便，它的特征是实现了系统化的管理。荣一郎认为无论 IT 技术再怎么发达，也无法抹掉手写笔记的重要性。这一点与易知园的思想内涵也不太一样。

有关备忘录和记录重要性的案例

备忘录的重要性无论怎么强调都不为过。就像无数伟大的人物曾经强调的那样,备忘录不只是单纯辅佐记忆的工具,也是"思想的反应堆",更是"创意的源泉"。康德、尼采、丁若镛、乔布斯等人都非常热衷于写备忘录。约翰·列侬将突然涌起的旋律记录在宾馆的便签纸上,便有了 Imagine 这首不朽名曲的诞生。很多人不知道创造了美国宪法框架的美国国父本杰明·富兰克林也被称为"日记之父",他是一位不折不扣的记录狂人。纽约尼克斯队的主教练并不是明星球员出身,而只是一位普通的教练,但他最终让一直徘徊在中下游的尼克斯连续3次进入了季后赛,成功变身为一支强队。这股力量的源泉正是主教练在19年间将所有比赛情况和自己的思考进行记录后,整理出来的6本战术笔记。

来源:罗允京记者,*Money Today*,(2016.12.6)

那么应该如何做好备忘录呢?日本作家坂户健司在《备忘录的技术》中强调无论何时何地,最重要的事情是做备忘录。将备忘录与IT技术融合以后,就能够饶有成效地活用最适合自己的备忘录技术,并养成做备忘录的日常习惯。使用智能手机的日程管理应用和提醒功能,能够简单地管理重要的日程。借助于智能手机等IT技术记录下瞬间涌起的想法，然后每周都将这些想法重新整理在自己的手册上。这样一来，通过整理那些急于记下的不着边际的想法，就能够看到更大的全局画面。

在那些比较难于记笔记的场所，可以利用录音功能来生成语音备忘录。例如，利用印象笔记（Evernote）这个应用，不仅能够在备忘录的页面同时存储照片，还能够轻而易举地检索保存了很久的备忘录。用智能笔在N码涂层的纸上写笔记的话，纸上的笔记会原封不动地传送到智能手机上。这种技术不仅对经常记笔记的人很有用处，还能让人感受到虚拟和数码之间绝妙的融合。智能手机的日程管理功能、印象笔记和智能笔都是非常出色的备忘录工具，如果将它们结合起来使用的话，彼此的缺点将得到补充完善，有望创造出协同效应。

来源：申东日，《备忘录的技术》，*Money Week*，433期。

即使是短暂的5分钟，也要养成每天记备忘录的习惯。这会让你在平凡的日常生活中感受到非凡的瞬间。这些瞬间会最终串联成为惊人的奇迹。备忘录既是一种"无论是谁都能够轻而易举地在短时间内改变自己生活"的技术，也是"能够适用于生活各种领域"的基本技术，还是将"生活的全部领域都聚集到一起成为专属于我"的平台。无论是谁，都应该从现在起立即开始记备忘录,并且坚持下去。尽管很多人知道这个道理,但是很少有人养成每日记备忘录的习惯,原因是没有建立目标。仅仅接收别人信息的人,无法对自己的生活存疑。对自己没有疑问,也就无法释放出创意。

来源:申正哲,《备忘录的力量(2015)》

第二条工作原则：遵守文件管理标准

政府行政业务的最终成果大部分都是以撰写文字报告的形式来呈现。企业也不例外，除了生产制造的工厂以外，大部分业务处理的结果也都是以文字报告的形式呈现。易知园将"遵守文件管理标准"作为第二条基本工作原则，也正是出于这一原因。

无论是政府的行政业务，还是企业的部分工作，都可以被归结为信息处理的过程。第一步可能是收集信息，也可能是在头脑里进行构思；第二步是利用收集到的信息和构思的结果撰写为文件，并进行传阅。在传阅的过程中，文件会被持续不断地反复修改。由于信息处理的全部过程总是伴随着文件的存在，因此可以说最终所有的行政业务都以文件的形式来完成。这就意味着完美地处理文件是完美地处理业务的前提。然而具体到业务处理过程中，会发现在文件的生成、传阅以及利用的一系列流程中，文件本身很少会得到妥善的管理。易知园的文件管理程序也正是源于对这一问题的洞察。

借助易知园系统，不仅实现了文件管理的标准化，文件本身也得到了妥善管理。具体来看，有以下四个优点：①业务处理或决策的速度得到提升；②在结束一项业务以后，原版文件可以被活用为评价材料；③拥有了方便后人使用的历史价值；④文件本身成为了实现业务流程标准化的基本要素。

业务的处理依赖于信息的处理

所有的业务都是信息处理的过程，信息处理的过程对于任何人来说都是一样的。所有人为了工作都需要收集相关的信息，或者从别人那里获取相应的信息，甚至是自己直接产出信息。基于这些信息来撰写文件，然后把文件传递给别人。文件在传阅的过程中会被反复修改，直到与文件相关的工作结束，文件才完成了自己的使命，被作为资料存档保存。为了便于读者理解，图 13 分阶段举例说明了行政业务的信息处理过程。

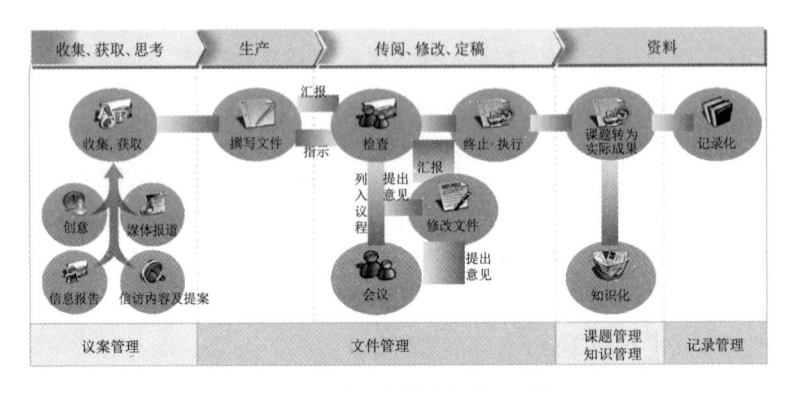

图 13　行政业务的信息处理过程

①信息的收集、获取、生产

对于处于组织结构最底端的人来说，上级领导的指示是最重要的信息。对于上级来说，下属的报告内容则是最重要的信息。当然，双方也都会收到外部信息。这些信息可能是外部的专业报告、媒体报道，甚至是一些流言蜚语，也有可能是自己主动查找到的信息，当然还有可能是个人头脑里冒出来的一些想法。信息处理过程的第一步就是将以上所有这些种类的信息都汇集到一起。

②撰写文件

从收集获取到的信息中挑选出最有用的内容，根据所要撰写报告的主题属性，可以按照备忘录、报告书、提案文件的形式进行文件撰写。到这一阶段为止都是信息处理过程中的个人作业领域范围，也就是非公开的作业部分。

③文件的传阅、修饰润色

撰写好的文件从个人手里发送出去，就开始了流通传阅的过程。如果文件是由上级撰写的，则以指示文件的形态流通。如果是下级撰写的文件，则以汇报的形态流通，当然也有可能会成为会议的提案文件。文件流通的目的可能是请求合作或是提供参考。在流通的过程中，根据目的的不同，也会对文件作出修改润色或是最终定稿的处理。

④基于文件的决策

在文件流通的过程中，当基于文件作出了最终决策，文件也就完成了自己作为"信息"的任务。但这并不意味着业务完成了，只能看作是完成了对相关信息的处理。为了最终完成文件，在决策过程中可能会根据是否执行、是否完善、是否检查、是否保留而与相应的后续措施相连接，在文件中加入相应的内容。有时候也仅仅只是把一些文件作为参考资料，就此作为最终文件。

⑤让文件转化为资料

经过上述过程之后，最终完成的文件将积累为资料。

所有的行政业务都是信息处理的过程。在这一过程中，对文件的生命周期实行标准化管理是十分重要的，标准化是科学管理工作的基础。

文件管理的标准化工具——文件管理卡片

与财务会计不同，文件管理其实并不存在既定标准。所以，为了设立文件管理的标准，卢武铉总统和易知园的开发团队倾注了大量的心血和努力。为了在易知园的系统里实现对信息处理全流程的管理，设计了文件管理系统。当然，这一系统的设计过程经历了无数的讨论和试错。对这一开发过程感兴趣的读者，可以参考附录1中有关易知园开发过程的介绍。

先说结论的话，易知园的文件管理系统顺应了数字化时代的要求，重新调整了行政业务处理流程，改变了过去落后的工作惯例，让高效且透明的业务处理成为可能。堪称是纠正了行政业务基本的壮举。文件管理系统的核心是文件管理卡片。文件管理卡片不是和信用卡一样的塑料卡片，更像是医生们使用的诊断记录卡片。如果把文件管理卡片想象成一种管理文件的标准格式记录卡，理解起来就会非常容易。

文件管理卡片是一张对文件的完整生命周期进行系统化记录的卡片。文件的生命周期包含了文件撰写的动机和背景、文件的草拟、文件的中间检查人和最终决策人的审阅过程以及文件的宣传、记录和管理方法的全部内容。除了业务负责人本人，任何人只要看了文件管理卡片就能获得报告之外的信息。比如，文件撰写人员基于什么内容撰写了报告、最终的政策决策经过了怎样的协商和汇报等，这些信息都可以通过文件管理卡片获得。另外，通过文件管理卡片还能够轻松了解报告是否有过相关的指示命令，甚至是对报告中的内容用什么样的方式进行了宣传，截止到何时会进行怎样的记录管理等所有内容都能够一目了然。

文件管理卡片管理的并不是文件的最终结果。它的最大特征是制定了对文件最终内容出现之前所经路径的管理标准。图14说明了文件管理卡片与原来的电子签核系统（eDMS：E Document Management System）的不同之处。文件管理卡片不仅管理了信息处理的完整过程，而且路径记录簿实现了在对某一个文件进行修改完善时的双向沟通。可以满足重复汇报的要求也是文件管理卡片的一大特征。

图14清晰地显示出了易知园的文件管理系统、电子签核系统以及普通文件管理系统三者之间的差异。为了进一步明确三者的不同，接下来具体地解释一下作为易知园文件管理系统核心的文件管理卡片。

	易知园文件管理系统	电子签核系统	普通文件管理系统
目标	• 文件从草拟到最终决策的完整过程→提升行政的效率和透明度	• 收到所在职务上应该处理的工作的批准，并在内、外部传递	• 登录并保存已经处理的业务文件，以便再次利用
正文	• 文件的属性与文件的正文相互分离，从文件的属性和处理过程来访问文件正文 • 不受特定文字处理软件的限制，可以使用多种多样的文件格式 • 能够管理正文的修改变更履历	• 文件的属性被保存于正文文件中（样式），以正文为中心管理运营 • 基于规定好的审批格式完成，支持特定的文件处理软件	• 通过简单的文件属性来访问文件正文 • 取得并管理多种多样的文件（报告、邮件、PC文件、审批文件、扫描文件等）
路径记录簿	• 可指定为报告用、协助用、参考用或会议用 • 通过同一使用者重复修正实现双向沟通交流	• 修订检查、审批、单独审批、代理审批、部门协助、并列协助 • 不能进行重复修订，只能进行单方向的决策 • 为了文件的传递可以指定收信人	• 不存在文件流通程序
系统连接	• 与指示命令系统相连接，实现指示命令下达的同时与其他相关指示命令相连接 • 与课题管理系统（日程/日志）连接 • 与信息议题管理系统和信息来源相连接	• 利用电子文件流通标准实现在部门间的文件（试行本）流通 • 利用行政信息系统连接标准与核心系统连接	• 提供邮件、电子审批的便捷登录功能
属性簿管理	• 文件编号、保存期限、安全等级、访问权限、公开及宣传管理	• 文件编号、保存期限、安全等级、是否公开	• 保密分类，保存年限
记录保存	• 根据课题分类系统登录为单位课题	• 登录到文件记录（文件记录簿）	• 设定文件分类系统，按照不同领域登录文件

图14　易知园文件管理系统、电子签核系统与普通文件管理系统的差异

如图15呈现的那样，文件管理卡片由"标题栏""路径栏""管理属性栏"三个部分组成。这样设置的目的，是为了通过标题栏、路径栏和管理属性栏来一目了然地掌握文件的核心内容、文件汇报过程中的意见反馈和文件管理标准。通

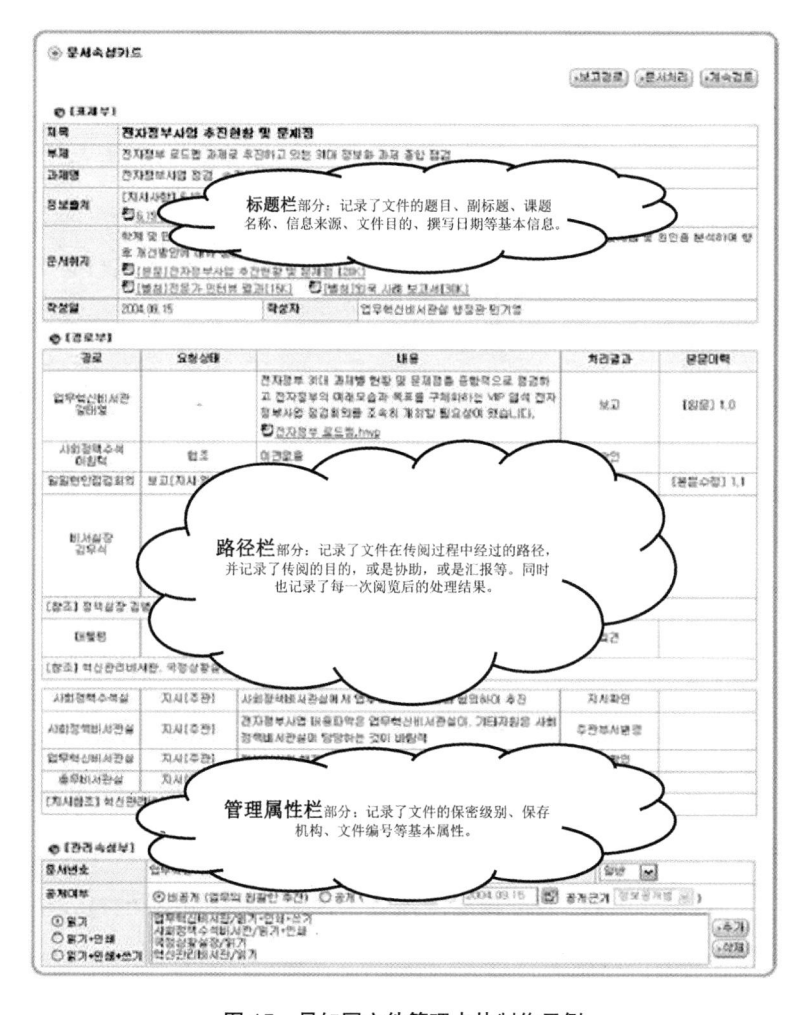

图15 易知园文件管理卡片制作示例

081

常情况下，很多文件都只是在开头部分呈现出核心内容的摘要，不会记录文件的流通过程和最终的决策过程。正是针对这种情况，才开发出文件管理卡片的核心组成部分——"路径栏"。路径栏可以清晰准确地记录下文件流通和检查过程中相关人员各自的反馈意见。这不仅减少了业务（政策）的失误，也提高了业务的质量，同时保证了业务处理的透明性和专业性，从而使得理性化的决策成为可能。这也是设置路径栏的最终目的。

"标题栏"主要用来记录文件的题目和副标题（关键词）。同时，文件与哪一个课题相关联，信息来源是什么，撰写文件的目的是什么，起草人是谁，什么时候撰写等这些文件的核心信息也能够借助于标题栏一目了然。"标题栏"中的信息来源条目，清晰地展示了撰写文件的理由。另外，还能够呈现出文件是根据谁的指示被撰写以及起草人撰写文件所参考的信息等内容。

正如图15中的例子那样，在线接受汇报的人能够按照先后顺序来掌握文件的核心内容。例子展示的是报告"建设电子政府业务进展以及存在的问题"的文件。因为文件的核心内容是"电子政府31项路线图课题"的综合检查，所以才会和"电子政府事业检查"这一课题相连接。需要的时候，点击"课题查阅"按钮，便可以通过相应的课题卡片来了解该业务的过往历程（History）和相关背景（Context）。而通过"信息来源"这一条目，就能够知道文件撰写的出发点是否与上级指示相关。如果点击附件的话，还能够进一步了解其他相关内容，也能够通过"文件目的"来了解电子政府改进事业的目标。但是，整个系统并没有明确指出最终决策人员应该负责的业务。"文件目的"内的附件正是所有的报告文件，其中有一个是报告原文，还有两个是附属文件。从标示的文件大小来看，文件大概会有几十页的样子。报告文件的最初成文日期是9月15日，时间点大概是在接受指示的3个月后。当然，也能够确认文件的撰写者是谁。

设置"路径栏"的目的是为了清晰地呈现文件中间检查者的意见反馈和文件处理结果。在文件有过修改的情况下，可以在"报告原文履历"的项目中查找到修改过的文件。在图15的例子中，"主管秘书官记录了尽快召开由总统主持的电子政府评估会议"的意见。必要时也可以把与该业务相关性较大的电子政府路线图制作成为附件供参考和查阅。从图上还能够看出，下一位协作的首席秘书官对文件批注了"没有意见"。由于在"每日未处理事项评估会议"中有要求改进方案具体化的意见，也就能够知道报告原文已经被修改。

"路径栏"显示该文件的下一条流通路径是秘书室长指示召开电子政府委员会议。尽管指示将文件报告以"希望参阅"的方式汇报给了总统，但是总统却详细地批注了"希望行政自治部门积极推进相关业务"的意见。当然，在每一条文件路径上都有被指定为可参阅文件的相关人员，这些人的意见也可以被记录下来，但在图15的示例中，并没有展示出这一情况。但是，决策者至少能够知道谁阅读了文件。总统批示意见出现的同时，追加的参阅文件人员的意见也会反映在文件里。文件报告结束以后，围绕着总统的意见和秘书室长的指示，各部门将开始推进自己的工作。这些内容通过"路径栏"都能够看到。与此类似，"路径栏"以标准化的方式，详细地记录了"意见反馈"，即使不查阅报告原文，也能够迅速地作出最终决策，并详细了解文件报告以后的业务处理结果。由于公开详细地记录了中间检查过程中各方批注的意见反馈，也就实现了明确的将业务责任定位到人。以上这些都是"路径栏"的优点。

最后，在"相关属性栏"中，可以确认文件编号、保管期限、保密级别、是否公开、公开依据、文件查阅权限等相关信息。必要时在文件终止之前可以对上述信息进行变更。根据法律法规的修订情况，可以对这些管理文件的属性信息进行添加或修改。文件终止以后，借助于衔接的记录管理系统直接进入存档。具体内容将在易知园的第五条基本工作原则部分进行详细说明。

尽管文件管理卡片只有短短的一页纸，但却记录下了业务处理的完整过程，未来如果碰到处理类似业务的情况，不仅能够将"卡片"作为重要的参考资料，也能够避免出现重复撰写不必要的文件的情况，从而提升了业务效率。另外在进行业务交接时，并不是像过去那样只将最终报告留给继任者，而是让继任者能够类推出业务处理的完整过程，因而也就有了很高的历史价值。进一步来说，文件管理卡片实现了统筹的业务管理，不仅缩短了决策时间，也使得决策体系更加简洁，减少了业务处理的非必要环节。

图 16 展示了文件管理卡片的核心，即文件管理系统的预期效果。这一系统不仅适用于政府和公共机构的行政业务，也适用于民营机构的一些非定性业务。

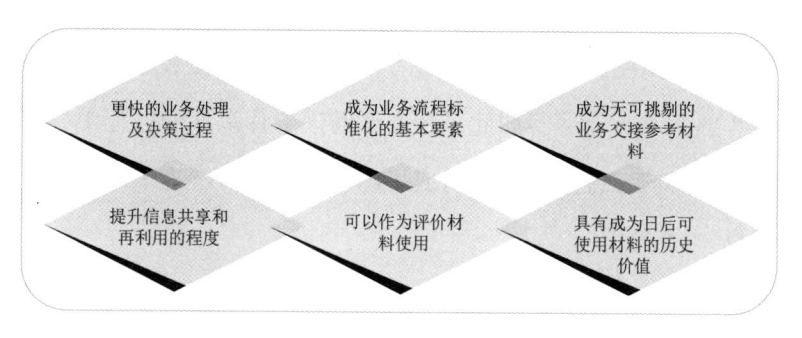

图 16　易知园文件管理系统的预期效果

文件管理卡片的成就："政策"的传记

"路径栏"作为文件管理卡片的核心，需要对中间检查过程中的意见进行透明且专业的记录。由此也就保证了参与政府在文件管理的标准化方面取得了一定的进展。

文件管理系统从设置之初到最终被充分利用，也经历了各种各样的困难。投入使用的初期，熟悉当面汇报的秘书室文化的工作人员，对文件管理卡片中"对文件按照属性进行定义分类""管理文件的流通过程"等概念，显得十分生疏。总务、业务革新、国政情况等部分部门成了初期试用文件管理系统的试点部门，此后逐渐向所有部门推广。由于卢武铉总统作出了"如果不是在文件管理卡片中撰写的报告，将不予批准"的强有力指示，文件管理系统成为了向总统汇报的优先方式。那些需要频繁向总统汇报的部门，不得不积极地使用文件管理卡片。

另外，在向秘书室秘书长、首席秘书、辅佐官等汇报的时候，依然使用了过去的书面报告（电子邮件）形式。但是需要查看室长审阅路径的中间检查者们，渐渐地也开始对文件管理卡片熟悉起来。尽管如此，在文件管理卡片落地的过程中，那些不需要向总统汇报的部门成了绝不使用文件管理卡片的"钉子户"（孤岛）。

一方面，在文件管理卡片投入使用的初期，职员们对此非常反对。原因是如果是向在同一办公室的秘书官进行汇报时，比起使用文件管理卡片，口头汇报或者是打印后的书面汇报方式不仅便利，还能够节省更多的文件处理时间。也就是说，对于那些需要经过几个阶段的报告来说，文件管理卡片非常有用，但是只需要向秘书官汇报时，文件管理卡片反而有些不方便。为此，开发团队以"口头汇报或者是电子邮件汇报的形式很难留下记录，且不便于管理。为了日后顺利交接和了解业务记录情况，希望积极地使用文件管理卡片"这样的理由，说服了工作人员。在这样努力的变革管理下，易知园文件管理系统投入使用1年多以后，参与政府时期的青瓦台总统府80%以上的汇报文件都通过文件管理卡片实现了标准化和在线汇报。这一数字反映出与此前的政府相比，参与政府总统府已经取得了相当大的成功。

另一方面，从内容来看，文件管理卡片使得一线工作人员在青瓦台的工作过程中，能够与总统直接进行沟通。这是文件管理卡片所带来的前所未有的革新。如果是在过去，总统亲自在行政官的报告上面进行批注是不可能的事情。文件管理卡片让报告的撰写人和检查人能够附上自己的意见，并让总统据此来作出反馈，或将意见作为判断的依据。文件管理系统投入使用初期，卢武铉总统在一些一线行政人员撰写的报告上直接批注了自己的意见，很多报告的负责人认为这是"大事件"。其实类似的情况数不胜数。尤其是每当政策决策发生激烈的讨论时，"路径栏"内所呈现出的政策决策过程的完美记录，就会成为解决争论的有效工具。

就像在图17中看到的那样，总统秘书室似乎每天都在网络空间上进行着无数的讨论会。图17的示例是有关总统要求用科学方法来证明社会指标对于国家竞争力的影响并进行汇报的报告。政策企划委员会负责此事的科长将其撰写的报告（1.0版本）进行了在线汇报，此后根据委员长的修改意见，对报告进行了修改（2.0版本），并向青瓦台社会政策首席提出了协助邀请。对于反对意见的内容，负责的科长在意见栏中单独附上了详细的修改和说明后，再次发出了协助邀请。政策室长也提出了"虽然需要在逻辑上进行完善，但是可以作为业务报告上传"的意见，并上传了文件。对此，总统在明确了最终意见以后，负责的科长对报告进行了终止处理。整个过程一目了然。

　　即使是在过了 10 多年以后，再看文件管理卡片的路径栏，依然能够知道当时谁对报告有着怎样的意见，报告的最终结论是什么，就像看电视剧那样历历在目。当然，只是借助于文件管理卡片很难对当时的情况进行 100% 的复原。但是，现在无论是谁，如果是要准备与此类似的报告，这张"卡片"都可以作为十分珍贵的参考资料。这一点是毋庸置疑的。

图 17　示例：文件管理卡片路径栏中发生的活跃讨论

即使是在政府换届以后，只需要点击文件，也能够清楚了解"谁在最开始进行了政策立案，在政策决策的过程中各层级的领导对文件提出了怎样的意见，相关部门的利益相关者有过怎样的协商"等内容。这使得文件管理卡片自然而然地成为了政策实名制的框架。类似于此的过程被记录在文件管理卡片中，文件管理卡片不仅成为了相似情况的参考资料，也成为了监察和监督人员可以利用的证据资料。文件管理卡片可以被称作是"政策的传记"。因为政策报告的撰写、流通、利用、保存等一系列的过程，都被记录在了文件管理卡片的一张纸上。

长久以来陷入官僚主义的人们一直很担忧，"要是政策失败的话，以后会很难逃离审查"。这句话真是千真万确。但是，在担忧之前，自己应该先作出负责任且诚实的判断和决定。公务员阶层要对自己的判断和决定负责任。这种工作文化应该在公务员阶层扎根。通过文件管理卡片实现文件管理的标准化，最终将提升行政业务的质量。文件管理卡片也就成了实现有责任行政业务的催化剂。

文件管理卡片之外的努力

研究显示，通常情况下工作方式或是工作文化的转变至少需要5年的时间。然而参与政府时期，青瓦台总统府的工作方式在很短的时间内发生了翻天覆地的变化，这从一方面反映出参与政府青瓦台的变革管理成效卓著。除了依靠文件管理卡片实现的文件管理标准化，为了提升报告本身的质量，当时的总统府工作人员还作出了其他的努力。

对于报告质量是否完美的标准参差不齐，但是一篇报告如果含有了文件管理卡片所要求的所有属性，即使质量并不完美，也是一篇能够对政策决策大有裨益的好报告。当然，文件管理卡片本身也需要持续地完善和升级，这是毋庸置疑的。关于报告的质量这一点，在参与政府青瓦台工作的工作人员曾经自发组织了学习小组，对报告的质量标准进行讨论。最终，大家的讨论结果成为了一本名为《总统报告书》的书籍。

决定《总统报告书》质量的最核心因素是报告能否不断地激发出人的好奇心，有时候，有的报告会像研究报告那样，让人感觉到内容很多，而且案例和解决方案都混杂在一起，从而让阅读报告的人无法聚焦，浪费了决策者很多时间。大部分的政策报告中并不包含相关政策的前因后果，也不会包含政策采用的预期效果。对于政策限定的资源和人员数量以及政策施行后的预期变化更是无从得知。这种情况十分常见。尤其是根据书面报告来作出决策的情况下，只是简单地记录了讨论政策来龙去脉的时间点，这是远远不够的。只有对讨论过程中有过怎样的争论点，围绕着争论点作出了哪些调整等信息作出详细的记录，决策者才能够在没有任何疑问的情况下作出准确决策。

总统语录：关于文件管理标准化

在青瓦台，为了能够及时地找到各个部门的资料，需要对几种资料的样式进行统一。在统一了文件的格式之后，需要对形成文件的路径过程进行统一，并且需要对文件的分类方法也实现统一。只有尽可能地实现概念的统一，才能够有顺畅的沟通。因此，总统、长官、局长、课长、一般职员，甚至是全体国民都应该具备相似的概念。

来源：数字青瓦台推进会议（2003.7）

我所希望的是，局长把课长撰写的文件稍作修改后直接上报给长官，长官将文件原封不动地呈报给总统。要是这样的话，首先将最大限度地减少文件的再创作，由于不需要重复两次或是三次的工作，多少会减轻一些工作量；其次，局长的补充意见和长官的补充意见即使只是简单的表述，在决策的过程中也能够活灵活现地被理解。由于我们的决策过程要经历很多个阶段，如果对文件流通的过程进行管理的话，就会发现有很多业务路径都可以根据业务的种类而被省略。并以此为基础，日后可以成为分类标准。

来源：文件管理卡片讨论会（2004.6）

报告质量提升学习小组讨论结果

为了提升报告的质量，撰写报告时，应该时刻想着卢武铉总统以及其他最终决策者会怎样利用报告。对于撰写报告的目的以及撰写报告的过程要进行详细说明，同时也要包括撰写过程中出现的应对方案。因此，将报告撰写的一般化原则整理为以下5点：

(1) 报告书本身应该具备高度的完整性，不能让阅读者因为报告本身再产生其他疑问。

(2) 为了节省阅读者的时间，报告的内容应该体现高效率性。

(3) 报告书应该排除撰写者的偏见，帮助决策者作出客观准确的判断。

(4) 报告书的目的要明确，即希望阅读报告的人作出怎样的决定。

(5) 要遵守"谁、何时、在哪里、什么、怎么样、为什么"等基本的报告格式。

来源：赵美娜等，《总统报告书（2007）》

第三条工作原则：进行工作分类

人们经常会遇到这样的情况。在工作时会把自己找到的资料以文件的形式存储在计算机里面，但当真正需要这个资料时，却怎么也找不到。如果记录好的文件能够自动被整理好，查找的时候也就能够通过一目了然的检索目录轻松找到。无论记录得有多么详细，如果不能够在需要的时候轻松找到，也不能分享给他人，又有什么意义呢？所以，易知园的第三条基本工作原则正是"进行工作分类"。严谨详实做记录的意义正是在需要的时候不仅能够充分地利用记录，也能够轻而易举地与别人共享。

易知园系统内的工作划分：政府业务流程再造

在易知园系统里，首先将各自的工作划分为单位课题，并与自己所属部门的"按职能业务分类体系"和"按目标课题管理体系"两个模块相衔接。图18所呈现的是易知园的单位课题和课题分类体系的概念。在易知园中，可以将"正在处理的工作"划分为单位课题，然后只需要选择相应的单位课题，就可以将记录下来的所有工作内容自动保存在这一单位课题项下。如果以后需要使用记录下来的工作内容，不仅可以利用检索工具进行查找，也可以利用两个课题分类体系来查找并利用。

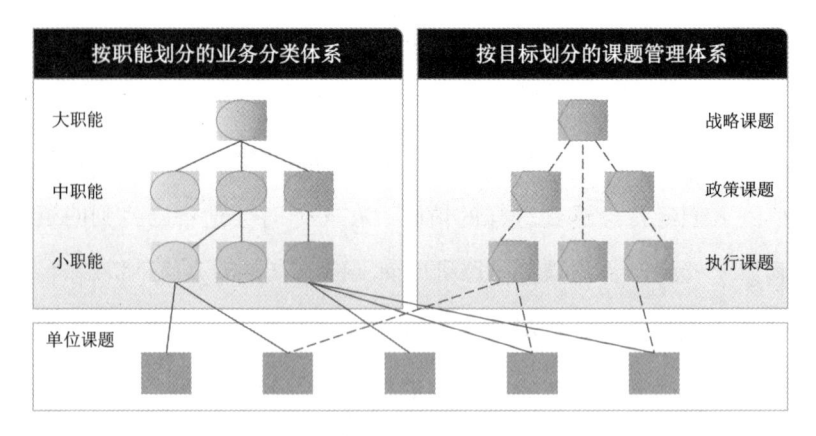

图 18　单位课题和课题分类体系的概念

虽然看起来很复杂，但这就像是提前将工作成果的最终去向做好系统化预设。好比汽车的导航系统能够将司机顺利地指引到目的地，这一系统的鲜明优点就是让工作人员明确自己在顺利实现最终工作成果之前所处的位置。然而这种工作划分方式的难点是如何清楚地区分各种课题。每一位公务员的工作到底应该被划分为多少个单位课题，课题的划分基准又该如何定义？

卢武铉总统曾经举过一个例子："尽管每项业务的流程都不一样，但也要尽力将类似的内容进行分类并整理。举例来说，鞋子的模子打造得越好，越是能够作出适合客人的皮鞋。某家企业收集了 30 万名顾客的脚型，然后将其划分为几百种类型，并在此基础上制作出了适合各种顾客脚型的模型和鞋子。任何客人来了，都能够轻而易举地找到与自己脚型相适应的鞋子。业务分类基准的第一原则是实用性。为了实现系统化的管理，应该迅速地掌握业务并根据不同类型将其分类。"

为了实现最高效的业务管理，应该将业务划分为最合适的多个独立单位进行管理。可以将每天或者每月的重复工作捆绑成为一个课题，而有些工作则需要"修剪"。一个课题的下面可能会衍生出另一个课题，重要的是如何将这些课题划分为单位课题并进行有效的管理。如果课题划分得太多，又会降低统筹性。而如果划分得过于笼统，又会在管理业务成果时产生混乱。即使是同一个课题，如果有着不一样的成果，就应该划分为不同的课题进行管理。

通常，在将课题划归为一个单位课题时，要将有效管理的思想渗入其中，并且需要每天加入管理日记和事后管理方案。这样一来，如果课题划分过于细致的话，很难将全部的内容填写完整。从工作的执行过程来看，会存在一个需要完结工作并进行评价的最佳时间点。这一时间点就是划分单位课题的节点。对于那些要无条件进行到底的工作，也可以根据时间段来划分成单位课题。

即使将自己的工作划分为几个单位课题，也不意味着就能够一下子完成所有的工作。有些工作只需要自己单独完成，但有些工作需要和其他人一起合作完成。随着工作的进行，起初进行单位课题分类时的想法也会发生变化。所以需要坚持不断地思索课题分类，然后修改和补充。

分类是一种艺术。在易知园系统中，单位课题的确定需要经过部门之间的讨论和协商，之后在业务的执行过程中不断地进行完善。就像经过反复试错，任务会完成得更加完美那样，课题分类也应该通过持续的讨论和协商来不断完善。有了这一过程，会更明确自己的工作是什么，从而减少不必要的工作内容，进而能够更加主动地找到新的工作任务。为了应对出现课题变更的情况，需要在系统上实现对课题履历的管理。另外，既往课题的实际成果也可以适当地转化为新的课题。原因是课题的变更也需要在适当的时机，根据确定的流程来完成。应该定期将课题与业绩评价相关联，以此来检查课题分类本身是否存在问题。如果存在问题，要对课题进行适当的变更。当然也会存在一些例外情况。

茶山先生作为知识管理的大家，曾经说过，"面对复杂的问题不必气馁（面对困难应该锲而不舍），认真整理信息，让信息自己告诉我们答案。抓住信息的致命弱点并有效地掌握信息。首先收集信息并将信息分类，然后按类型重新组合信息。复杂的事情被分割成条块后会变得简单化。不要不知所措，要抓住头绪。会梳理的人学习也好，会整理抽屉的人也是学习好的人"。茶山先生的这些话与易知园的第三条基本工作原则——进行工作分类——不谋而合。

分类后的工作管理：精准划分业务类型

为了将工作划分为单位课题，大致可以将工作归类为日常重复型工作业务和项目型工作业务两个类型。参与政府时期，在青瓦台总统府的业务分类中，项目型业务很多都是那些有始有终的企划类业务。企划结束后就会转化为日常重复的工作业务，此时需要进行管理。需要铭记的一点是，随着时间的流逝，需要对业务的类型进行变更。就像在图 19 中看到的那样，项目型业务也会根据企划的类型被划分为直接主管的业务、调整类的业务、与其他部门合作或者是提供支援类的业务，以及转达内容或者进行检查类的业务。

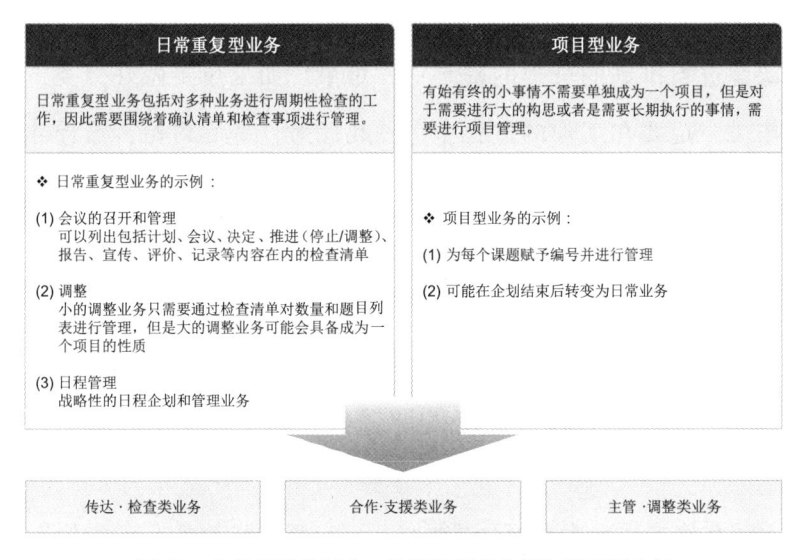

日常重复型业务	项目型业务
日常重复型业务包括对多种业务进行周期性检查的工作，因此需要围绕着确认清单和检查事项进行管理。	有始有终的小事情不需要单独成为一个项目，但是对于需要进行大的构思或者是需要长期执行的事情，需要进行项目管理。
❖ 日常重复型业务的示例： (1) 会议的召开和管理 　　可以列出包括计划、会议、决定、推进（停止/调整）、报告、宣传、评价、记录等内容在内的检查清单 (2) 调整 　　小的调整业务只需要通过检查清单对数量和题目列表进行管理，但是大的调整业务可能会具备成为一个项目的性质 (3) 日程管理 　　战略性的日程企划和管理业务	❖ 项目型业务的示例： (1) 为每个课题赋予编号并进行管理 (2) 可能在企划结束后转变为日常业务

| 传达·检查类业务 | 合作·支援类业务 | 主管·调整类业务 |

图 19　业务类型的划分：日常重复型业务和项目型业务

只有这样准确地区分业务类型，才能够为自己的工作设定界限，同时以负责任的态度来管理自己的工作。因此，如何表示业务的名称也就显得格外重要了。举例来说，总统秘书室的职能是辅佐政策的判断，而不是执行政策。因此需要明确业务的属性，并以此为依据来修正业务的名称。在确定这些课题的题目时，需要考虑得周全一些。另一方面，会出现与其他部门的业务相重复或者是相关联的情况。如果仔细分析的话，会发现这些业务本质上并不重复，它们在横向或者纵向上或多或少都有些差别。

另外，如果分析业务流程的进展，就会发现一些业务的某个阶段是独立完成的，有的阶段又是需要与其他人合作的。因此，根据业务的不同发展阶段，业务的类型也会发生变化。对课题进行准确的分类的确是一件难事。如果想要做好分类工作，一定要在工作的过程中，一起思考，一起讨论。这样才能提升业务的质量。虽然这是一件既复杂又困难的事情，但是易知园之所以如此强调课题分类体系，也正是出于这一理由。

政府业务的课题分类体系

在将工作确立为单位课题时，一定要充分考虑业务的性质。事实上，大多数人并不清楚自己的工作是什么。一旦确定了单位课题，就要把单位课题与"按职能划分的业务分类体系"和"按目标划分的课题管理体系"相连接。接下来详细介绍一下这两种政府业务的课题分类体系。

业务的分类方法包括按照职能分类和按照目标分类两种方

式。"按职能划分的业务分类体系"中,"大职能—中职能—小职能"这样的划分方式在实际工作过程中并没有太大的意义。但是,当被问到"您的工作是什么"时,也就是需要准确把握自己在组织内部所承担的角色时,会成为非常好的参考资料。在遇到类似于"处理这项业务时需要投入多少时间和金钱"这种用于分析业务的问题时,也会需要这种分类方式。

"按目标划分的课题管理体系"将业务进行细分后,为每项细分业务设定了其存在的目标。按照目标将课题进行分类的话,就能够对业务的内容一目了然。这样一来,为什么需要这一业务、为什么要废止该业务、为什么要新增一项业务、为什么需要变更业务等问题的答案,也能够轻松地找到。

为什么需要两种分类体系?人们在工作的过程中经常使用的分类方法是按照目标划分的课题管理方式。但在管理内部业务体系时,则需要根据职能进行分类后,对所有业务实现毫无遗漏的管理。就像在图20中看到的那样,日常反复的业务大多数都是按照职能进行分类,并没有进入按照目标进行分类的体系。这些工作的重要性决定了它们应该按照职能来划分课题类型,但是其中的一部分工作也有可能被排在更上游的位置,而指向某些目标,从而进入按目标的课题管理体系。这种按职能的业务分类和按目标的业务分类并存的方式,在个人定义的单位课题中将产生交叉。

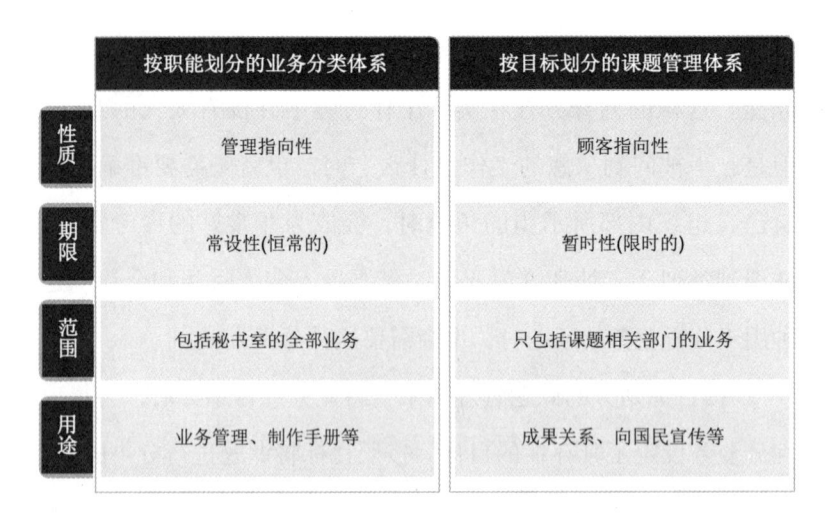

	按职能划分的业务分类体系	按目标划分的课题管理体系
性质	管理指向性	顾客指向性
期限	常设性(恒常的)	暂时性(限时的)
范围	包括秘书室的全部业务	只包括课题相关部门的业务
用途	业务管理、制作手册等	成果关系、向国民宣传等

图20 按职能划分的业务分类体系和按目标划分的课题管理体系

易知园的第三条基本工作原则——进行工作分类——的核心是：第一步，要对自己的工作进行分类并确立为单位课题；第二步，从组织整体的角度出发，将自己划分的单位课题与"按职能划分的业务分类体系"和"按目标划分的课题管理体系"中已经存在的类似课题相连接。单位课题就像单独管理的档案盒，每当需要进行记录时，自己的记录就会自动选择相应的已经确立好的单位课题，然后被保存起来。如果能够这样对单位课题进行严格分类并详细记录的话，通过与组织的课题分类体系自动相连，从组织层面也能够确认个人的记录是否详实。对于从事这一工作的个人来说，只需要通过简单的思考，将自己的工作划分为几个单位课题，做记录时选择相应的单位课题，这些记录就能够自动被保存在课题分类体系中，日后需要时就能轻而易举地找到相应的资料。

管理业务管理卡片的困境：
是将卡片分类还是将卡片合并

管理卡片的时候，如果卡片分类过于细致，就会降低统筹性；而如果将卡片过度合并，又会在绩效管理中产生混乱。究竟通过几张卡片来管理？这也在日后成为了开发团队需要解决的难题之一。卡片数量时而增加、时而减少的情况反复出现。

以经济政策秘书官室（过去被称为政策企划秘书官室）为例，2003年下半年总共管理了74个（其中指示命令卡片54个）业务管理卡片。每项指示都被单独列为一张业务管理卡片。由于每个人都想拥有自己的卡片，卡片的数量变得非常之多。开发团队意识到过多的卡片数量反而降低了业务的统筹性。于是开始禁止制作个人卡片，并为各类卡片建立起了彼此的关联性。当根据母卡片展开业务并衍生出新的工作时，可以制作子卡片或者是孙卡片来管理业务。最终，到2004年上半年，这一部门的卡片减少到了17个（包括子卡片和孙卡片共计48个）。

但是有人指出，这样过度地将卡片合并，会很难管理业务的绩效成果。同时也有人表示，希望将业务进一步地具体化。所以，出于母、子、孙卡片的3段式结构过于复杂的考虑，取消了孙卡片，制定了只有母卡片和子卡片的2段式管理方案。当时有一张卡片的名称是"调整和管理社会矛盾"，乍一看并不能知道这一业务的具体内容。这是3段式卡片管理的盲点。2段式管理方案的原则是，即使卡片只显示业务名称，也能够准确地呈现出工作的性质。于是用"新万金事业进展评估"这一名称取代了原有的"调整和管理社会矛盾"。2004年下半年开始通过母、子卡片的2段式结构实现了简化管理。当时的卡片数量是41个（包括子卡片合计53个），到2005年上半年，卡片的数量减少到了32个（包括子卡片合计为44个）。一般性的业务检查与"经济政策情况检查评估"捆绑在一起，由具体时间演变而来的业务则以具体业务名称来为卡片命名，比如"FTA推进进展评估"。

之所以会出现这种卡片数量忽多忽少的情况，是因为彼时尚未形成业务单位的概念，也就无法准确设定业务单位。开发团队在开发课题管理系统时，一直备受困扰。直到2004年11月业务分类体系确立以后，问题才得到了一定程度的解决。但是，到目前（2006年2月）依然没有完全解决。到底如何对业务单位进行分类？日后的工作中需要持续思考这个问题。

来源：《青瓦台业务管理系统易知园开发白皮书（2006）》中篇

各种分类方法的定义

所谓分类，就是将各种混杂在一起的事物按照一定的规则进行归类的过程。举例来说，为了更好地观察和理解动物世界，不能将所有动物视为一个整体，而是要将动物划分为鸟类、哺乳类、两栖类和爬行类后，根据不同种类的特征逐一进行细致入微的观察和研究。看起来笼统宽泛的事物在经过分类以后会有助于把握整体，而且会看起来更清晰。从而能够按照顺序、有条不紊地说明事物本身。这些都是分类的优点。根据知识所学对我们在生活中看到的、听到的、经历过的各种事物和经验进行分类的话，即使遇到复杂的情况，也能够有条理地说明原委，并轻而易举地解决问题。

通常来说，分类的基础来源于待分类事物的本质特征。分类包括自然分类和人为分类。前者以事物的本质特征异同为基础。后者以在各类事物之间建立一定的秩序为目的，以所需的特征为基础进行分类，因此这里的特征并不是对象的本质特征。分类也不是一成不变的，会随着知识的进步而演进。

（1）图书分类方法是为了能够更有效率地利用图书才出现的分类方法。这种分类方法根据图书的主题和格式将同一类图书集合到一起，对类似的图书采取同样的查阅方式，从而实现对图书的系统化管理。在掌握了图书的内容和格式以后，从实用角度根据知识的理论化分类进行调整,并重新整理出一张系统化的分类表。将图书找到与分类表中的主题或者格式一致或类似的项目并进行编号。这种对图书的分类实际上是图书馆的基本业务之一。韩国最常用的分类方法是KDC (Korean Decimal Classification)[①]。KDC首先将全部的知识范围划分为1~9类,无法划归到这9类的难以阅读的百科词典和年鉴等全套的图书划归到0类[总类]并置于最前面。这种从0到9的主要类目(main class)属于第一级分类。在每一个一级分类的内部,又按照0、从1到9划分为10个纲目(Division),是第二个分类级别。按照这种分类方式重复地逐级划分,就组成了完整的分类系统。在同一分类的内部,会按照图书的入库时间(图书受领顺序)、作者姓名顺序和发行年份顺序等各种标准进行排列标号。这些标号也就是通常在图书馆的图书上看到的标号。

(2) 预算的分类方法因国家和时代背景的差异而不同。财政收入预算与财政支出预算的分类方法也彼此不同。对预算进行分类的目标是:①提升制定公共事业计划及预算审核的效率;②提高预算执行的效率;③明确会计的责任人;④有助于经济分析。为了实现这样的分类目标,预算分类方法包括:①按照经济性质分类;②按照功能分类;③按照发

[①] 中国现在使用的《中国图书馆图书分类法》最早编制于1971年,目前使用中的是由北京图书馆出版社于2010年9月出版的第五版。

展计划分类；④按照活动分类；⑤按照组织类别分类；⑥按照产品品类分类等。这种预算分类方法与预算的科目有着密不可分的关系。根据韩国的国家财政法，财政收入预算首先按照组织类别进行分类[①]，之后根据收入性质划分为不同的款、项，而财政支出预算则在组织类别分类的基础上，进一步按照支出的不同性质和不同机构划分为章、款、项。

(3) 关于记录的分类方法，文件管理国际标准(ISO15489)格外重视以下3项原则：第一，应该使用基于业务活动的分类体系，从而为记录管理提供基本框架；第二，分类体系应该与记录处理原则一致，并支持权限获取等多种记录管理流程；第三，应当采用适当的词汇控制方法来支持题目和记述 (Description)。非动态记录的分类通常被称为整理 (arrangement)。如果说现代记录分类是在记录实际产生以前就有的先验性分类过程，整理则是将已经产生的记录进行事后分类的经验性过程。

来源：Naver 知识百科

---

① 中国的财政预算报告按照政府收支分类方法进行编制。2007年，财政部发表《政府收支分类改革方案》，并沿用至今。中国政府收支分类体系由"收入分类""支出功能分类""支出经济分类"三部分构成。其中：收入分类设"类、款、项、目"四级科目，主要反映政府收入的来源和性质；支出功能分类设"类、款、项"三级科目，主要反映政府各项职能活动的支出总量、结构和方向；支出经济分类设"类、款"两级科目，主要反映政府支出的具体用途。

第四条工作原则：领悟工作目的

通常人们在工作时，比起那些又难又生疏且花费时间的工作，一般都偏向于从简单熟悉且耗时不长的工作开始着手。但是工作出色的人有一个共同特征，就是在开始工作之前已经非常明晰自己工作的目的，并能够找到与此相匹配的高效率的工作方式。正是因为这个原因，易知园的第四条基本工作原则被定为了"领悟工作目的"。

把握工作内容的捷径：两种业务分类体系

工作做得出色的人都会在正式开始工作之前先考虑做什么和怎么做，并依此制订计划。在制订计划时，最重要的是要明晰自己要做的工作是什么。准确把握工作内容的捷径是要对即将开始的工作的履历（History）和背景（Context）进行观察。对履历的了解是要知晓过去是否有过类似的工作，如果有的话，和自己要做的事情有什么差别。对背景的了解是要把握自己要做的事情与自己所在部门或者组织的哪些目标相关，且是否存在与这些目标相关的其他事情，他们又和自己要做的事情有什么样的关系等。这也是在工作的第三条基本原则中提到的，在易知园系统中将个人的单位课题与按职能/按目标分类的课题分类体系相互衔接的理由。

为了明晰做事情的目的，按职能／按目标的课题分类体系承担着十分重要的角色。借助这两种分类体系，就能够准确地把握自己工作的履历和背景。按职能划分的业务分类体系是在充分考虑了各种职能间的相互关系后，将组织所承担的固有职能进行捆绑并划分为大职能、中职能和小职能三类。按目标的课题管理体系则确定了组织在1年或者3年时间内需要达成的目标。图21展示了参与政府时期政策室的课题分类方法。政策室的职员撰写文件后，设置自己的单位课题，并根据单位课题的属性与职能分类相关联。有时也会有将单位课题与不同的目标

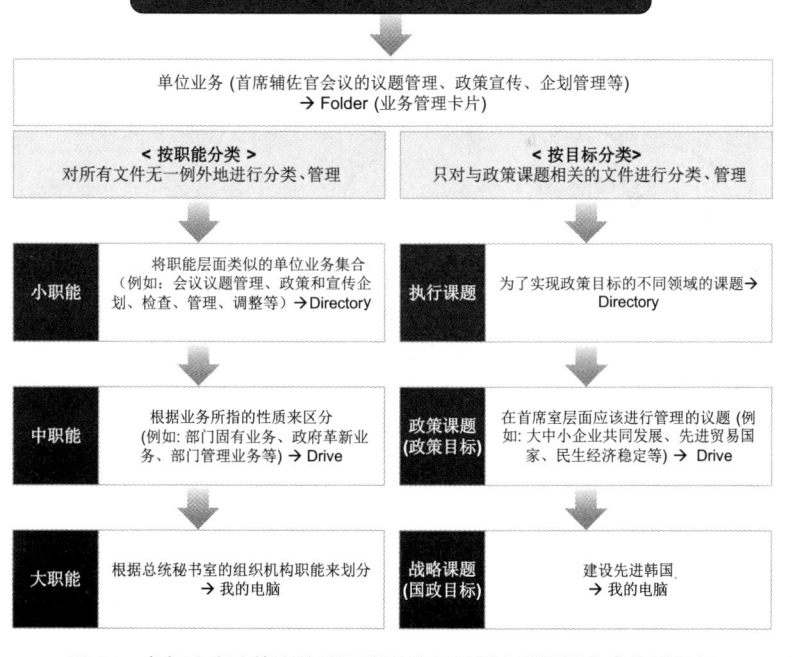

图21 参与政府政策室的按职能及按目标划分的课题分类体系示例

课题分类相关联的情况。为了解释和说明两类分类体系的层级关系，以便工作人员理解，开发团队尝试着用同样的标准制定了两套分类体系的索引。

由于全体工作人员的单位课题无一遗漏地与按职能划分的业务分类体系相关联，因此任何人都能够轻而易举地了解自己要做的事情与组织或者部门的哪些职能相关。另外，如果查阅与相应的职能相连接的其他单位课题，就能够了解自己要做的事情的履历（History）和背景（Context）。举例来说，现在要做的事情是"秘书室革新研讨会策划"，就像从图22看到的那样，这件事情在按照职能的业务分类体系中，可与大职能中的

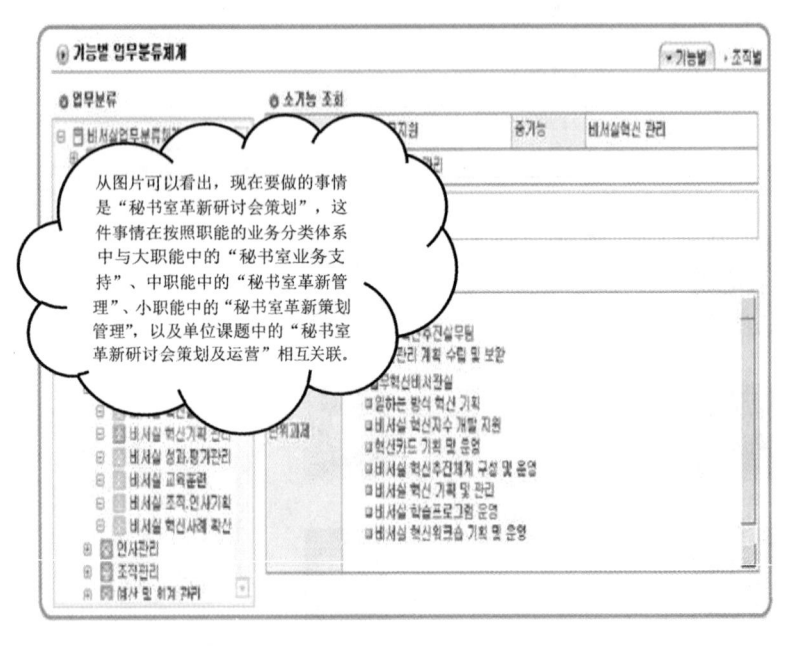

图22 易知园按职能划分的业务分类体系界面

"秘书室业务支持"、中职能中的"秘书室革新管理"、小职能中的"秘书室革新策划管理",以及单位课题中的"秘书室革新研讨会策划及运营"相互关联。与此类似,借助于这一分类体系,就能够轻松地了解到自己要做的事情所处的位置。

随着对职能分类的日益熟悉,工作人员就会像拿着一张地图那样查找并确认自己工作的所处位置。需要注意的是,对于同样的小职能,则能够了解在2006年上半年(假定是现在时间)以前是否有过类似的单位课题。当然,管理期限的单位可能会有所不同,在以半年为单位按职能进行业务分类体系管理的假定下,每半年只要是有历史记录的情况下,就能够了解类似单位课题的履历。假如现在要做的事情与过去某一个时点曾经做过的事情完全一样的话,将节约大量的工作企划和执行时间。即使是在类似的情况下需要根据人员规模和研讨会的目的进行修订和完善,也有助于更加高效地完成工作。

如果是在有些部门绝对没有类似的工作记录时,在其他部门或者组织的其他机构也会存在出现类似单位课题的可能性。这为提高工作效率创立了标杆。如果是在其他部门和组织都完全没有出现过的全新的工作,使用类似于革新、企划等相关的关键词进行检索的话,也能获取有助于更好地思考和计划新工作的资料。当然,实现前述目标的前提是组织内的全部成员都遵守了第一条基本工作原则所强调的"严谨记录",并且按照第三条基本工作原则对记录进行了严格分类。即使一直没有按照这样的方式工作,但所有的组织如果能够具备这种理念,并坚持1年以上严格实践这些工作的基本原则，也一定会收到同样的效果。

按目标划分的课题分类体系

接下来借助图23来说明一下按目标划分的课题分类体系。与按职能划分的业务分类体系不同，按目标划分的分类系统需要与部门中和组织的目标相关联的单位课题相互连接。个人要做的事情如果没有和按目标的分类体系相衔接的话，仅根据在按职能划分的体系中掌握的履历和背景，就能够确立业务工作计划并开展工作。对于那些与按目标分类体系相衔接的工作，在准确把握这一工作是否与同一目标下的其他部门或者组织的工作存在相互关系以后，再建立工作计划。这是十分重要的。如果不能准确地把握自己将要做的工作与组织及部门全体的目标之间的关系，反而会使自己的工作妨碍组织目标的达成。每个人都应该铭记的是，如果只是想着做好分配给自己的工作，反而会让整个组织陷入危险。

举例来说，要做的工作是"秘书室课题管理改善方案"时，就像前文介绍的那样，与按职能分类体系中属于大职能中的"秘书室业务支持"、中职能中的"秘书室革新管理"以及小职能中的"秘书室革新活动管理"相关联。同时，与按目标的分类体系中战略课题中的"政府革新的执行及推广"、政策课题中的"国政运营系统革新及引领"以及执行课题中的"青瓦台业务

要做的工作是"秘书室课题管理改善方案"时，就像前文介绍的那样，与按职能分类体系中属于大职能中的"秘书室业务支持"、中职能中的"秘书室革新管理"以及小职能中的"秘书室革新活动管理"相关联。同时，与按目标的分类体系中战略课题中的"政府革新的执行及推广"、政策课题中的"国政运营系统革新及引领"以及执行课题中的"青瓦台业务管理系统易知园的提升及部门推广"相关联。

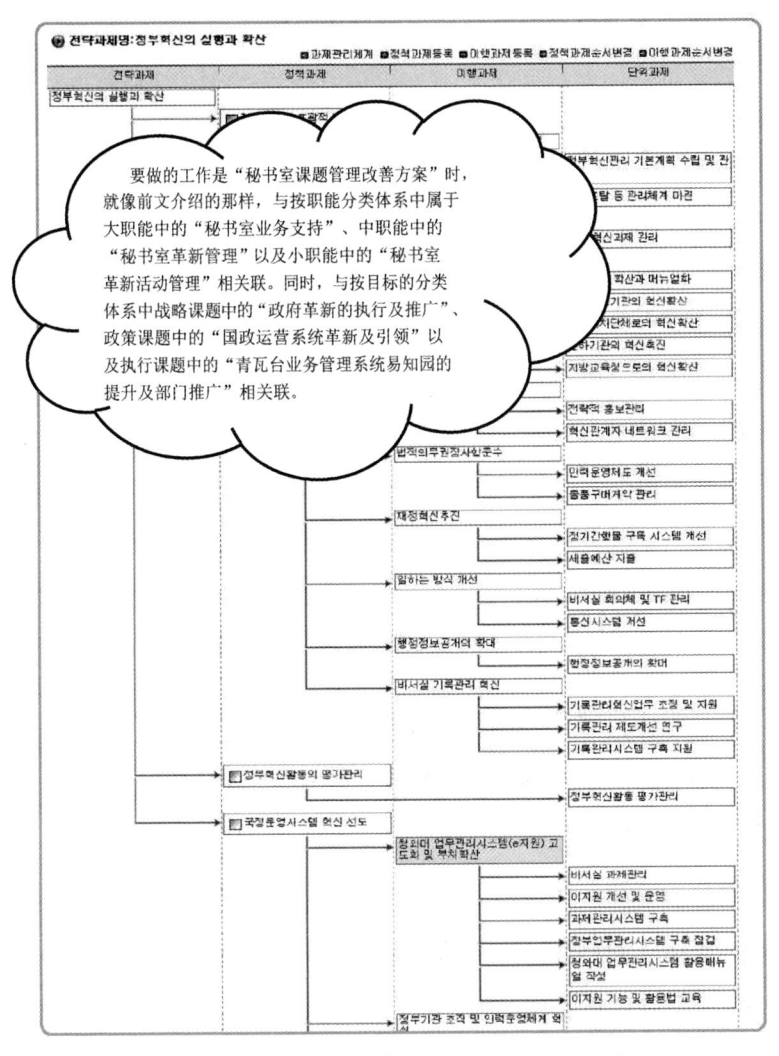

图 23　易知园按目标划分的课题分类体系界面

管理系统易知园的提升及部门推广"相关联。当然也可以借助于"秘书室课题管理"这张单位课题卡片来轻松了解这种衔接关系。

在准备"秘书室课题管理改善方案"这项工作的同时，对于在按目标课题分类体系中与此相关的上一层级课题的目标是什么，为了实现这一目标正在开展哪些工作，为了达成目标有什么困难等各种信息进行系统化的了解后，对工作的目标、范围、计划日程等进行具体的计划。自己负责的事情虽然只是秘书室的课题管理改善方案，但这件事归根结底与"政府革新的执行和推广"这一战略课题相关联。在了解到这点以后，是否进行工作计划，就会在效率和效果方面都出现明显的差异。

如果用一句话来概括课题分类体系的核心，那就是"为'将因人因事而异的业务水准通过系统实现标准化，基于积累的业务实际成果，为实现科学化的工作开展和推广'提供了基础"。

2005年年初，卢武铉总统设立了"先进韩国"这一政策目标，并指示为了实现这一目标，规划出政府需要在不同阶段开展的业务路线图以备不时之需。同时，趁着这一机会也制作出"先进韩国的战略地图"。为了执行这一指示，开发团队设立了按目标划分的课题分类体系。按目标划分的业务分类体系是根据国家执政运营的目标，将课题划分为战略课题—政策课题—执行课题三个层级并进行管理。

举例来说，战略课题是从秘书室整体层面出发，体现出当年工作的方向性，并与总统的国政运营方向直接相关联。当国政运营的目标是"先进韩国"时，相应的"政策课题"指的是首席室层面应该推进的政策，而"执行课题"则是不同的领域和不同的秘书官室需要完成政策课题具体化的课题。一旦制订了业务计划，按目标的分类体系将在其基础上制定"执行课题"，并实现了"执行课题"可以自由生成或销毁的灵活性运营。

另外，按照不同的执行课题来指定管理负责人员，并由其将主要的执行情况记录在课题管理卡片中，鼓励其对开展情况进行评价、修改和完善。这样构成的按目标课题分类体系使得各项主要政策能够按照战略和计划来稳步推进。同时也能够轻而易举地了解到类似的政策案例的来龙去脉和失误教训，因此不仅确保了政策的连续性，也能够事先预防政策的失败。同时，这一分类体系也是综合管理与政策相关的报告和各种信息资料的保管箱，使得对于政策业务的把握和交接变得更加容易。体系本身也能够被活用为同时考虑政策业务处理过程和结果的客观课题评价资料。这是这一体系的最大优点。

按职能划分的分类体系

为了帮助工作人员更清晰地了解自己工作的履历和背景，易知园的课题分类体系发挥了十分重要的作用。参与政府时期，青瓦台对于这种按职能和按目标的课题分类方式也进行了进一步的具体划分。

事实上，对于如何定义青瓦台总统府秘书室的工作，有过非常多的考虑。围绕着"如何实现总统府秘书室的工作与政府部门业务的差异化""青瓦台的固有业务是什么"等问题，卢武铉总统和工作人员一起展开了深入讨论。从 2004 年 2 月开始着手分析青瓦台部门间的业务衔接关系,到当年11月最终将业务分类体系确定下来,前后共历时9个月。对于业务的定义和分类工作看起来相当混乱,但这只是当时青瓦台的职能转变而引起的过渡时期现象。

过去的青瓦台主要承担了统辖政府部门职能的角色,与此相反,参与政府时期的青瓦台独立开展业务,具备了战略和企划、检查和调整等职能。与职能转变不相符的是,依然存在着一些按照过去惯例来开展业务的情况,进而引发了一些混乱。尽管所花的时间超出了预期,但是针对业务分类体系所进行的讨论和学习极大地帮助了工作人员来认识青瓦台业务的作用。以政府部门革新管理业务为例,当时与此相关的参与革新首席室、政策室、人事首席室、政府革新委员会都对自己的业务分配十分清楚(参见图24)。新设的"改革创新管理会议"在总

	参与革新首席室	政策室	人事首席室	政府革新委员会
革新企划	革新企划	-	-	-
人事及组织	-	政府组织管理	人事管理及制度改善	人事、行政改革路线图执行
监督及评价	革新课题监督及评价	政策课题监督及评价	-	革新管理支援
教育	革新教育课程开发及执行	-	公务员教育执行	革新教育课程开发支援
信访·制度改善	信访、制度改善课题的挖掘	信访、制度改善、课题执行支援及监督		

图24 为了业务分类而进行的业务相关性分析示例:政府部门革新管理业务

统的主持下由各部门参与。通过这个会议，不仅能够评估和检查改革的进展，也提供了一个供大家自由讨论各种议题的场所，促成了业务流程改善方案的诞生。

9个月的时间里，青瓦台按职能划分的业务分类体系的确立经过了复杂的演变过程。实际上青瓦台也是整个韩国国民政府的一个组成部分。因此为了实现与政府部门的业务分类体系相衔接，青瓦台的按职能业务分类体系也按照统一的标准划分为了"大职能—中职能—小职能"三个层级。这一按职能划分的业务分类体系总共经过了五个阶段才得以最终确立：

△第一阶段是全面调查所有职员的业务后，重组划分为小职能；

△第二阶段是整理既有的单位课题（统筹、分析、删除、增加、变更名称等）后与相应的小职能相关联；

△第三阶段，在上一步的基础上判断每个小职能的相似程度，并据此导出中职能，然后根据每个中职能的相似程度导出大职能；

△第四阶段是从总统/秘书室和其他部门/部委/国民的视角对各部门的作用进行整理，然后根据各自的重要程度决定每个部门的作用（这里充分利用了头脑风暴的方式）；

△第五阶段是分析各个部门的作用与第二阶段中导出的小职能之间的相关性，并在此基础上决定是否需要增加或者将部分作用转移到其他部门的小职能类型。

经过这样的过程以后，不仅使得小职能能够与青瓦台相应的各部门相关联，也能够通过组织结构图来确认与相应部门相关的大职能、中职能、小职能，以及那些与小职能相关的单位课题。

按职能划分的业务分类方法是按照图 25 展示的标准制作完成的。首先，秘书室将各部门执行的"核心固有业务"相互区分开来，然后甄别出所有部门都需要共同执行的"共通业务"。在这里，将类似于"媒体报道管理"或者"革新业务"等需要所有部门共同执行的业务和类似于"总务行政"等"部门管理业务"相互区分，同时将剩余的其他业务划归为特别业务，从而建立起了这种无遗漏的整体标准。

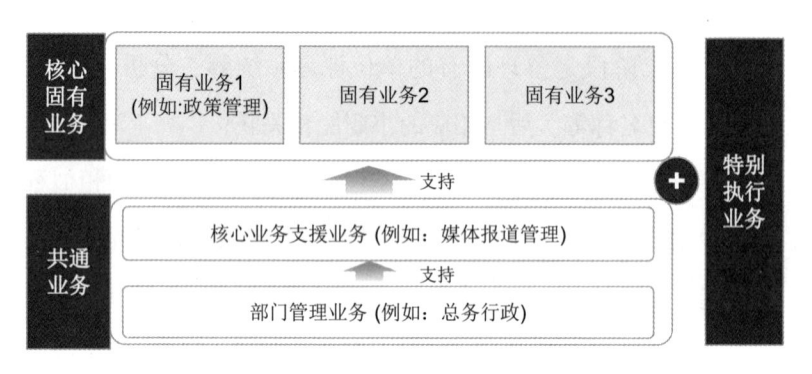

核心固有业务	固有业务1 (例如:政策管理)	固有业务2	固有业务3	特别执行业务
共通业务	核心业务支援业务 (例如：媒体报道管理) ↑支持			
	部门管理业务 (例如：总务行政) ↑支持			

图 25　按职能划分的业务分类标准

根据管理标准和业务的持续性进一步将"核心固有业务"划分为图 26 所展示的 3 种类型。

• △类型 1（与政策相关的国政运营支持）是考虑了负责政策事务的政策室、辅佐官室以及 NSC（National Security Council，国家安全保障会议）的作用后所划分的职能；

• △类型 2（非政策类国政运营支持）是在类型 1 和类型 3 相互融合的情况下，秘书室在作为"总统服务部"时所需要执行的业务所划分的职能，包括礼宾服务、活动策划、国情监测、国政宣传等业务；

• △类型 3（秘书室业务支持）是综合考虑了秘书室革新管理、人事管理、组织管理、预算及会计管理、行政管理、活动支持管理、福利管理、设施管理、应急计划及安保管理、记录管理、信息系统管理、舆论调查等业务后所划分的职能。

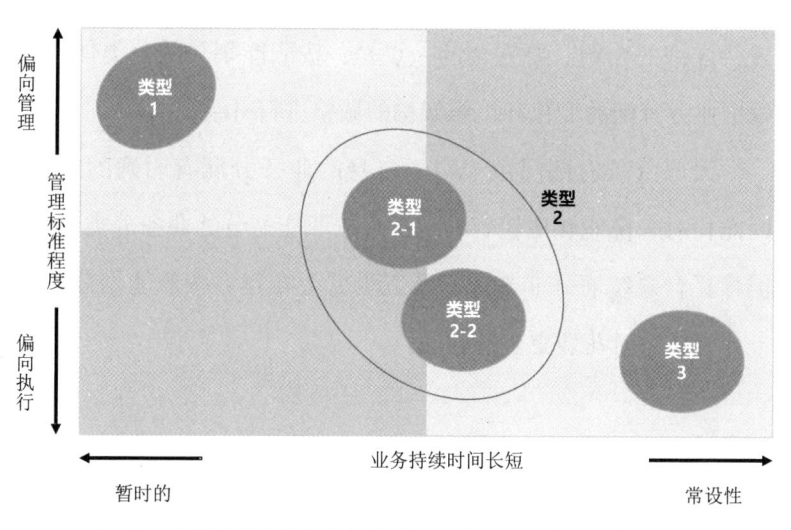

图 26 按职能划分的业务分类系统中核心固有业务的分类标准

总结来说，按职能划分的分类体系由于具备永久性，将业务根据组织架构和业务的类型及大小划分为"大职能—中职能—小职能"三个层级，实现了以"单位业务"为中心的业务分类和管理。大职能和中职能作为政策室及各首席室单位的职

117

能及业务分类，属于便于管理的概念性分类，而小职能则是类似的单位课题分组的结果。单位课题相互之间在本质上保有独立性和持久性，是最小的业务单位，也是存储个别文件的基础文件夹。依靠这样的按职能划分的分类体系，不仅能够实现对政府全部业务的精准管理，也能够将源于组织机构调整的政策业务混乱降到最低限度。即使负责的相关部门和负责人出现频繁的变动，基于按职能划分的业务分类体系也能够完成相关业务的自动交接，并在此基础上迅速地了解业务的变更情况。关于交接的具体内容，将在易知园的第六条基本工作原则的部分进行详细的介绍。要强调的一点是，按职能划分的分类体系会根据业务分配的变化和组织架构的调整进行升级。

　　大部分政府部门由于对于自身的业务分配有明确的规定，因此相对来说能够比较容易地实现按职能划分的业务分类体系。但青瓦台总统府并非如此，所以也就会在建立按职能划分的业务分类体系时花费更多的时间。

总统语录：关于青瓦台的业务范围

秘书室全体员工应该熟知自己的任务和业务，并基于明确的、具体化的任务和业务分工来管理全体秘书室的目标和成果。

来源：总统秘书室全体职员研讨会（2003.3）

基本原则是能够实现对各个部门所从事的业务、如何开展业务、业务的目标是什么、谁在执行业务等信息一目了然。我建议从这个基本原则出发向前推进。

来源：总统秘书室业务报告（2004.2）

青瓦台的主要业务是通过各部门来管理政策。报告中只需要体现出企划的基本方向，以及对进展情况进行评估和检查的业务特征。只有如此才算是实现了业务与组织体系的相互匹配。

来源：秘书室课题管理讨论会（2006.2）

尽管青瓦台正在推进各种政策，但是由于出现了一些混乱，需要对此进行整理，因此就会出现纠正治国理政方向、检查、调整以及控制的业务。这些业务不只是要通过上下层级推进，也要借助于从信息机构收集到的信息来判断是否存在大的错误。同时，也要构建起一个系统，这个系统要能够听取实际现场的声音，并通过检查来确认是否存在不和谐的要素、是否有异常现象，从而纠正治国理政的方向。

来源：首席辅佐官会议（2005.2）

政策室执行的是管理和检查政策的业务，对于这部分的工作应该完全变为正向系统。要抛弃对全部未决策的政策进行检查的思想，只需要保留那些最核心的政策。需要建立一种日常由总理室来处理，而一旦出现需要检查的信号，再对相应的部分进行检查的系统。

来源：首席辅佐官会议（2005.1）

总统的思虑：关于业务/课题的分类体系

虽然在 2004 年 9 月确立了秘书室业务分类系统，但卢武铉一直坚持认为秘书室的业务分类还不够完善，最终于 2005 年 2 月 16 日亲自制定出了政策室的业务分类体系，并通过各附属室长向下传达。政策企划、政策检查、政策调整等业务均按照业务流程进行了分类，内容上的课题就像系统革新课题那样，实现了本职工作和次级工作的相互区分。开发团队以总统制作的业务分类体系为基础，在经济政策、总务、业务革新 3 个部门进行了试用。但是，将实验结果向首席辅佐官会议进行汇报的时候，卢武铉责问道："为何将政策室的业务分类体系勉强地用于总务和业务革新部门？"开发团队不得不从根本上对业务分类体系进行了一次彻底检查。

卢武铉总统亲自制作的业务分类体系的核心与管理学所说的价值链 (Value Tree) 相类似，这一体系将本职业务与次级业务进行了划分。另外，他还希望考虑将类似于政策室这样的项目性部门和类似于总务的日常性部门相互区别，然后建立分类体系。这也因此成为了此前一直对业务管理漠不关心的政策室成为课题管理主管部门的契机。

青瓦台秘书室业务分类及课题管理体系 试行方案1

1) 已经详细阅读"2005年度总统秘书室业务及革新计划"活页文件夹

目前还没有清晰地划分出固有的政策业务和业务革新课题。而这一点不仅是一般业务部门，甚至是业务革新秘书官室也出现了同样的问题。如果部门报告以这样的水平向总统汇报的话，很有可能会被指责为课题整理不利。

青瓦台秘书室是什么样的地方？应该怎样对它进行分类和管理？为了弄清楚这两个问题，需要重新分析业务的性质和实际操作流程。为了高效率地管理业务，也需要对业务进行重新分类和流程再造并设定课题单位。在对实际业务设定单位课题时，要仔细且真诚地整理实际工作。

2) 我对青瓦台业务分类提出一些自己的意见，以作参考。我以政策部门为例进行了整理。实际上可以说每个部门都有这些相同点

2-1) 固有业务领域的业务及与其相关的业务革新课题

- 00领域的信息及议题管理业务
- 信息及议题管理体系运营及改善（革新课题：业务方法及其改善业务）
- 000领域信息及议题管理（政策执行课题）
......

2-2) 相关部门的业务管理及与其相关的革新课题

- 00部门管理
  · 文件收发及管理
  · 业务系统管理
  · 总务管理
  · 日程管理
  · 改善业务管理课题
- 000部门革新管理
......

3) 希望能参考下列分类标号方法

1. 固有目标业务
11. 信息及议题管理
111. 固有目标业务管理
112. 与目标业务相关的系统管理及完善
......

总而言之，就是要用这种方式进行分类管理。接下来的分类管理工作就寄希望于各位了……

2005年2月16日 总统

来源：《青瓦台业务管理系统易知园开发白皮书（2006）》中卷

第五条工作原则：梳理工作内容

从工作者的角度来看，积极实践易知园的第1条至第4条基本工作原则很重要，但是得到与工作内容和质量相匹配的评价也同样重要，这就说明了为什么易知园的第五条基本工作原则是"梳理工作内容"。

对于个人来说，为了让自己的工作得到公正的评价，需要梳理好自己的工作内容。但是，从组织的层面来看，为了提升知识再利用的价值，业务需要梳理好组织的工作。

卢武铉总统认为归根结底，总统府秘书室也需要进行知识管理。高效地开展业务其实意味着工作价值的提升，为此应该记录好工作内容并将其转化为知识，这样才能够与其他人共享并充分利用。开发青瓦台业务管理系统易知园的目的也是为了充分管理业务处理过程，并期待着易知园有朝一日最终演进成为知识管理系统。卢武铉曾经强调："易知园以信息议题管理为起点，历经文件管理、课题管理，最终要以知识管理完美收场。"

大多数知识管理失败的组织都不能找到失败的原因，并且认为"确实没有什么需要管理的知识啊"。如果纷繁复杂的材料得不到妥善整理，仅仅只是简单地进行材料堆积的话，将很难找到所需材料。有人说，知识管理系统里面没有"知识"，却堆满了"垃圾"。为了让青瓦台不再犯同样的错误，必须深入地思考一下与青瓦台相匹配的"知识管理"是什么。所以,"梳理工作内容"被定为了易知园的第五条基本工作原则。

课题管理卡片:知识管理的"捷径"

事实上,梳理工作内容看似容易,但能够有规则地完成这一工作的人并不多。从 20 世纪 70 年代开始,很多组织机构都开始尝试进行知识管理,但是很难找到成功的案例。两件事情可能出于同一原因。信息技术革命正式开始的 20 世纪 90 年代以后,很多人期待着 IT(Information Technology)技术能够为知识管理带来实质性的成果,结果却被讽刺称为"GIGO"(Garbage in, Garbage Out)。伴随着信息存储及搜索引擎性能的迅速改善,很多人开始主张不需要单独进行知识管理。另外,由于大数据分析(Big Data Analysis)、人工智能(Artificial Intelligence)等新技术在各领域商用化的前景已经十分明朗,大多数人开始认为似乎没有必要基于整理来进行知识管理。

进一步来看,当 AI 技术被高效利用的时代来临,也就没有必要一再强调梳理工作内容了。但是目前这个时代还没有来临。一边等待着那个时代的到来,即使只是将信息进行恰当的保管,并发挥出其最大效果,也不失为一种明智的战略。卢武铉尝试着从三个方面来构建易知园的知识管理体系。第一是制订业务计划,并按照计划来管理业务的实际成果;第二是通过周期性的评价,鼓励梳理实际成果;第三是制作业务手册,尽可能地将隐性知识转化为显性知识并充分地再利用。如果想要顺利做好"依照计划的业绩管理、为评价而进行的业绩整理、制作业务手册"等三种工作，需要在原有的工作基础上，付出更多的时间和努力进行课题管理。这一点不言而喻。所以，无论对这些事情进行怎样的制度化，全体成员的思想和组织文化如果不发生转变，很难实现成功的知识管理。

易知园的课题管理卡片正是知识管理的核心手段。将课题单位化以后设定目标和计划，并按照每个人的工作计划以日志的形式毫无遗漏地记录工作内容，这样至少能够保证在评价时课题管理卡片上的成果是已经被整理清楚的。同时，为了使对课题一无所知的人也能够理解课题，需要按照课题单位来制作业务手册。

在前文介绍第三条和第四条基本工作原则时，也提到过要明确课题管理卡片的概念。卡片是管理实际工作成果的文件。设定文件的大小后，需要考虑如何管理文件、应该给予文件何种属性、日后如何再次利用文件等各种问题。积累业务记录、用过去的案例提供参考、评估进展的工具、评价和分析的基础等都是课题管理卡片的作用，也是知识管理的核心内容。

目标框架与实际成果评价

随着逐渐克服业务成果没有得到很好的积累以及记录没能妥善保存等问题，课题管理卡片要成为在下一次处理类似业务时能够迅速提供参考资料的保管箱。只有一板一眼地认真记录过程，才能够评估业务进展情况，从而也能够因为准确地留存了资料而使得评价分析成为可能。数字化的成果可以通过数据进行评价，其他情况则可以通过业务开展过程来进行评价。

公务员自己感觉到了变化吗？国民们感觉到了不同吗？这能够被称为是具体化的制度变化吗？有没有实际产出成果？通过回答这些问题来确定指标，并根据这些指标在年初制订计划，依照计划来开展业务。然后要对1年之内包括追加的指示命令业务以及全部业务成果进行评价。政策要有成果，但是如果工作的组织和方法、人员的工作态度等这些政府的工作方式不能提升效率的话，也很难提升国家整体的竞争力。所以，要持续不断地挖掘那些能够促使结果和过程得到持续改善的革新课题。从这一观点来看，不仅是政策的成果，还有促成政策成果实现的办事流程也要有所改革。因此，要对这两点都设定目标并进行评价。

通过查阅课题管理卡片，就能够知道"谁、什么工作、是怎么执行的"这些信息。这些信息与易知园的业绩管理系统相连接，被活用为公正评价员工工作成果的材料。参与政府时期，总统府秘书室的职员们深知自己的日常工作都是基于评价系统来接受业绩评价的，于是每天坐在易知园"面"前办公。他们也知道自己的所有行为都被记录在易知园的课题管理卡片中，并基于这些记录接受评价。就像青瓦台的绿地园是过去朝鲜时代举行科举考试的场所一样，现在青瓦台的职员们每天都在易知园里面参加"考试"。工作人员再也不会有根据自己的"站队"

和工作经历来接受评价的想法。虽然记日志非常辛苦，但这种变化却创造了公平公正的工作氛围，让每个职员都能够得到与工作付出相匹配的公平待遇。

接下来将根据图 27 对参与政府时期总统府秘书室评价系统的特征进行具体说明。

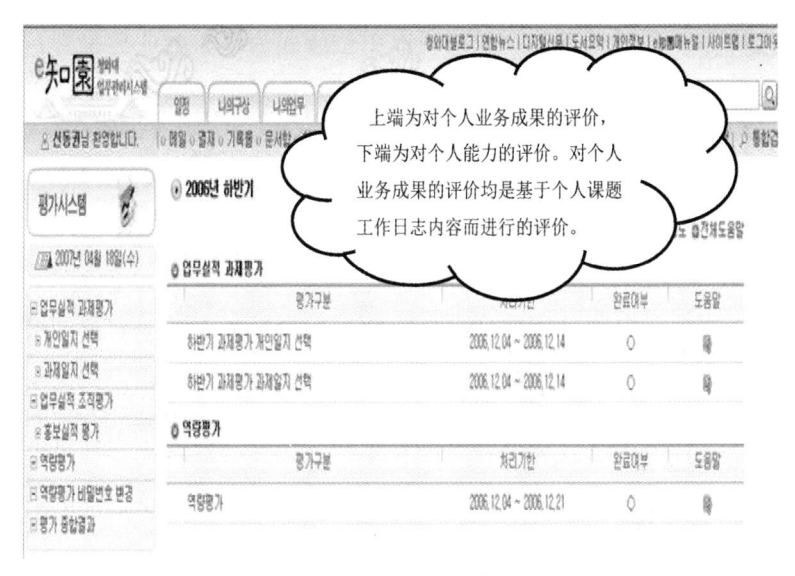

图 27　易知园评价系统界面

第一，这一评价系统并不是线下的方式，而是在易知园的内部建立起了综合性的评价系统。通过这一在线系统来保证评价的客观性和便利性，从而实现可持续的业绩管理。撰写日志和报告以后，这些材料将被自动保存为评价材料，因此专门制作评价材料的烦琐工作也就消失了。

第二，引入基于单位课题的业绩评价方式来保持与课题管理系统的一致性，并基于此来提升客观性和职员的接受程度。引入这一评价系统的初衷，是为了避免出现基于职员个人特征对其课题进行评价的情况。这就意味着并不是针对个人进行评价，而是将单位课题的成果与个人相连接，进而完成评价。因此也就最大程度地排除了评价人的主观臆断，保证了评价的客观公正。从而使得部门内部职员们更加重视单位课题之间的相互协作，而不是竞争。如果说以单位课题为中心的业务是青瓦台业务的脊柱的话，以单位课题为中心的业绩管理则发挥了保持这根脊柱健康的重要角色。除此以外，还单独设立了提请评价复议的系统。系统虽小，但却搭建起了上下级间相互沟通的桥梁，是一件十分有意义的事情。

第三，就算是再好的评价系统，如果评价人不能对被评价人进行适当的评价的话，将产生歪曲的结果并招致怀疑。为了排除这样的风险并保证评价的客观性，还专门设置了在评价人给予被评价人过于优秀的评价时直接调整为平均评价标准的补救措施。

第四，通常，比起平常默默工作的员工，在评价期间加班加点的员工能够得到更好的评价。为了消除这种弊端，维持过程和结果的均衡是引入这一系统的原则。判定单位课题目标是否达成的标准不仅包括业务成果，也需要对在执行业务过程中间是否付出了努力（忠实度）、是否及时地执行了业务（进展程度）等在内的过程评价平行进行，从而实现对业务的结果和过程的均衡评价。原本只是以半年为周期进行的评价，转变为了按季度（过程评价）/半年度（成果评价）实施评价，形成了只有认真工作、严谨详实记录工作、并且梳理工作内容的职员才能收到好的评价的氛围。

第五，由于青瓦台的工作纷繁复杂，很难按照统一的评价基准进行评价，因此设计了按照课题的不同类型来调整评价基准的原则。借助于过程评价（忠实度）等彼此不同的评价要素，根据不同课题的业务特征来弹性调整评价基准。最重要的是，随着事前的意见收集、部门间的说明会、评价结果调整系统等辅助工具的投入，让职员对评价产生了积极认识（参照图 28）。

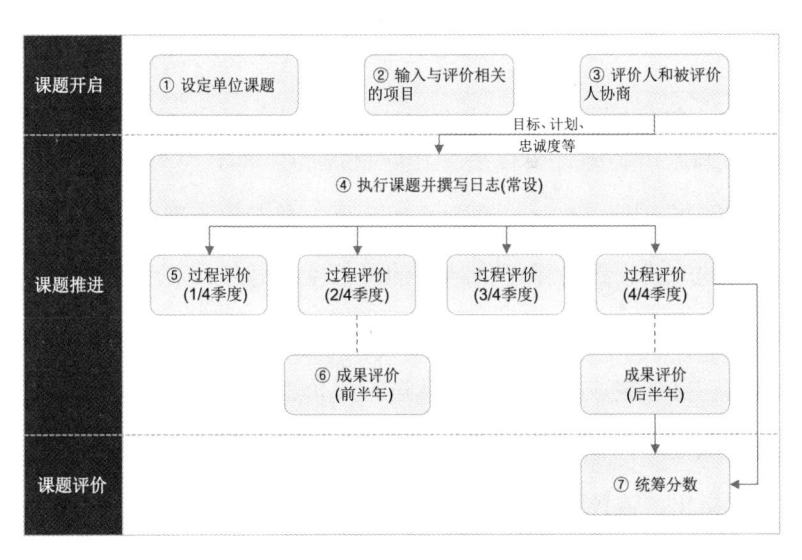

图28　参与政府总统府秘书室的课题评价流程

总结来说，前述课题评价流程是在确定了单位课题以后，录入相关课题的目标、计划、完成进度等评价项目，经过与被评价人协商，一边执行课题，一边撰写工作日志，然后以季度为单位整理日志，根据日志对课题的执行进行季度评价。这样的尝试在民营企业机构也很难找到。大多数的评价体系并不重视过程，而是以结果为中心；不重视团队成果，以个人为中心。正是由于这样的原因，评价的公正性总会被议论纷纷。而易知园为了实现过程和结果的均衡评价作出了不懈的努力。达到这种均衡的原因是因为易知园通过课题管理系统将每个课题单位的业务执行过程全部记录在案。参与政府时期青瓦台已经实施的这种评价体系，与全球超一流企业 GE 所实施的常态化评价十分类似。这一评价体系，也受到了参与政府时期青瓦台工作人员的一致好评。

2006年实施评价以后，在职员内部开展了一次问卷调查。调查结果显示，通过对课题管理系统中常态化管理的日志进行评价的方式，提升了评价结果的可信度。另外，对于职员个人的评价并不是基于评价人的随意判断，而是基于单位课题的忠实度、目标完成度等客观指标进行评价，保证了评价的客观性及合理性。很多职员认为这是该评价系统的优点。但是，也有员工指出，该评价体系缺乏对于那些无法通过工作日志反映出来的工作的评价工具，以及对业务进行过分定量化评价。

知识管理的实现

在易知园系统中，并没有单独设置知识管理系统或是单独的软件。但是，以业务知识、参考知识及业务知识问答组成了知识管理菜单，尝试着通过业务整理来完成知识管理。业务知识是录入在文件管理卡片中的知识，并且将与统计相关的业务知识单独设置为业务统计栏。参考知识虽然是与业务有关的知识，但收录的是在文件管理卡片中不被记录的知识，因此另外设置了知识管理卡片以方便录入。业务知识问答栏是自由上传有关业务的疑问和解答的地方。此外，为了让更多人看到那些被频繁推荐的知识，还单独设置了推荐知识目录。为了鼓励职员们录入更多的知识，青瓦台每个月都会将录入知识最多的员工选为"知识之星"，并进行表彰。然而这种方式更多的是以变化管理为焦点，更多地关注文件管理和课题管理，并没有达到卢武铉所期望的知识管理水平（参照图29）。

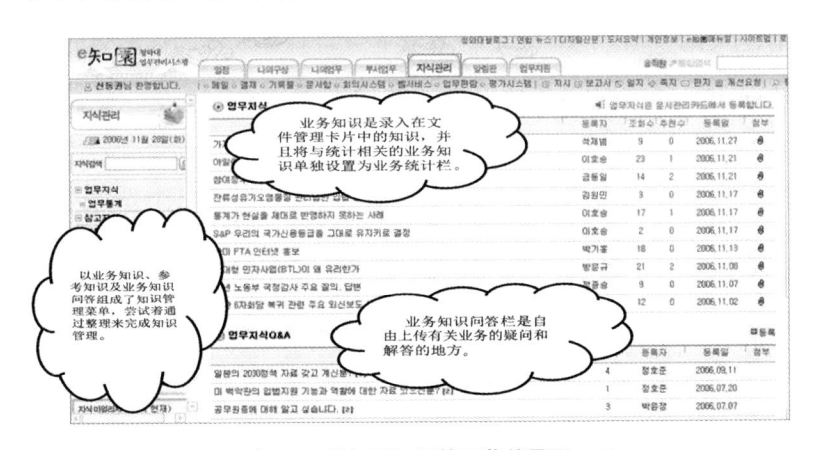

图29 易知园知识管理菜单界面

除了知识管理菜单，易知园系统中单独的业务手册也能被看作是知识管理的一环。业务手册承载了特定组织在工作时必要的程序步骤、方式以及各种规定等重要知识。参与政府在青瓦台设置了业务手册系统，并将其作为知识管理的一个组成部分。卢武铉从上任伊始就对系统化整理的业务手册表示了持续的关注，最先对此作出反应的是一些女业务员。青瓦台业务员们的工作因"室"而异，种类繁多且无法定型化的特征使得在业务协作和交接时存在困难，因此女业务员们自然而然地提出了以业务员共同的工作为中心来实行业务定型化的必要性。因此，2004年业务员们自发组织学习小组来推进革新课题，并于2005年3月11日完成了业务员的业务手册。

这本手册收录了会计实务、顾客接待、文件处理、信息收集、部门协作、活动支持、会议室使用方法、会议支持等各种格式的文件。这本手册系统化地分析了部门业务中最被边缘化的总务业务，为总务业务制定出了标准化的模版，这是一件很有意义的事情。这本手册是政府业务对总务业务的标准化的首次尝试。卢武铉对于这一意外的成果感到心满意足，并赞不绝口。

以此为契机，制作业务手册的热潮扩散到了整个青瓦台。在革新担当会议上，针对如何制作业务手册的方法论问题展开了讨论。结论是希望能够以单位课题为中心来制作业务手册。青瓦台业务概览大致划分为愿景、一般现状、业务分类、业务手册及秘书室支持业务5个领域，并在每个领域制定了一些细分的业务菜单(参照图30)。通过这种划分,为系统化地整理秘书室业务中必需的重要知识打下了坚实基础。尤其是在业务手册部分,除了收录了按照单位课题制定的手册,还收录了以青瓦台业务为中心的业务手册。在有关业务处理方法的总统指示事项中,按照不同领域收录了总统指示事项的原文,供员工们随时参考。

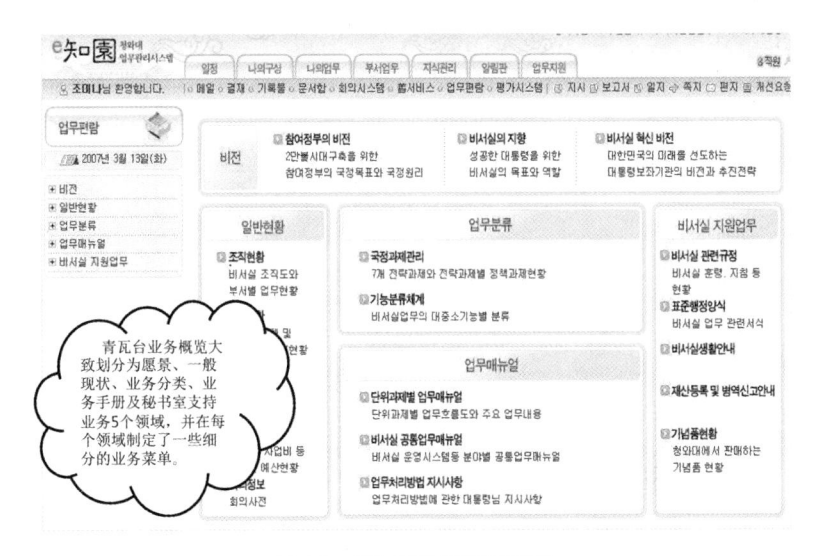

图30　易知园业务概览界面

青瓦台秘书室的所有业务都是依据课题管理系统来开展,因此只要查阅课题管理卡片,对于"谁出于什么样的目的""依照着怎样的程序""如何开展了工作""与计划相比还有哪些未完成事项"等问题都能够一目了然。另外,不管是与课题相关的顾客管理以及各种相关信息,甚至是宣传内容,都以系统化的方式被存储其中,这为基于业务业绩来科学地开展工作打下了坚实的基础。新职员或新任秘书官到任而需要进行业务交接时，无须像过去那样再单独撰写业务交接报告，只需要打开课题管理卡片来查阅过去的活动。在进行周报或者业务报告时，也只需要将课题管理卡片中记录的内容打印出来，代替过去的报告书。

总统语录：关于梳理工作

行政工作中只有很少的一部分能够以统计数字的形式来呈现。虽然能够被及时执行，但很多时候也会被一再拖延，成为"橡皮糖"。由于很多工作都是以报告的形式呈现，因此进展日志将发挥出重要作用。为了管理业务实际成果，要有一些基本的概念。每天开展的工作日志最重要，其余的报告、提案起草文件、参考文件等只需要附在日志上面即可。

来源：数字青瓦台项目报告（2003.7）

开始某一项工作时，起初召开了几次会议？通过会议作出了怎样的决定？如果能够通过业务日志来确认这些问题，同时还有一本业务手册的话，就能够确认这项工作是否正在按照规定开展。尤其是当有问题发生时，或是需要确认及需要评价时，条理清晰且记录详实的日志将十分有用。

来源：易知园建设报告（2004.2）

在进行业绩评价之前，目标是最重要的前提。每个人、每个组织都有各自的目标，如果不首先准确评价目标正确与否，并设定恰当的目标的话，就无法判断开展的工作是否正在沿着正确的方向前进，也有可能是南辕北辙。因此一定要先设定好目标。

来源：总统府秘书室全体职员研讨会（2003.3）

关于青瓦台的业务，我怀疑有些工作并不是根据它的存在理由来进行的概念定义。青瓦台也应该采用年度业务计划的概念。但是，这个计划并不是一成不变的。每过2~3个月就对计划进行拆解和修订也是可以的。是否在设定方向和目标后展开工作，将为工作带来截然不同的成效。在设定方向和中期目标后开展工作，也将为后面的评价提供方便。业务计划的修订和增补过程将让首席们开心地对自己工作的每个角落精心着眼，课题管理也将更加科学化和有成效，从而保证系统化地完成课题。

来源：首席辅佐官会议（2004.10，2005.3）

总统语录：关于知识管理

最高法院是将"协议知识"管理得最好的地方。由于相关文件会在判决以后成为日后类似案件的参考资料，这些文件一定会盖章封印保存起来。某项政策被提交以后，多数情况下是无法查询到与该政策相关的历史资料的。对于那些长期延续下来的问题，如果先验经验积累得好，就不会出现执行上的失误。只要将所有（文件）积累保存，便于以后查找就万事俱备了。要是有长官说"把那个材料拿过来"的话，就能够（不费力地找到几个材料以后）立即汇报，（这）最终会发展成为能够与国民共享的知识管理。把做的事情再修改润色一遍后，成为别人能够参考的资料，这就是知识管理。要是这么做的话：①（虽然整理和修改的工作让自己很辛苦）能够极大地方便后面接任自己工作的人；②（要是认真整理的话）能够避免出现因为忙碌而导致的问题和疏忽，从而防止工作出现漏洞；③（由于减少了做无用功的时间）减少了工作时间，有了可以探索新颖有创意的业务的闲暇时间；④（随着业务的整理和逐渐积累）能够对自己的工作成果进行反思评价（自我学习、自我反思评价）。

来源：知识管理论坛（2005.8）

所谓知识，是为了让文件（报告）能够被充分利用而充分提炼后的审批公文，因此需要以文件管理卡片为中心来构建（知识管理系统）。而且不需要设立单独的共同分类体系，只需要通过知识检索来建立与个人业务特征相匹配的分类体系。为了下次能够活用为参考资料，有针对性地对文件进行加工和提炼后，使其成为可以共享的资料才能被称为知识。之所以在文件管理已经存在的前提下单独设立知识管理系统，是因为文件并不能够直接成为知识。由于权限问题，原则上文件在汇总以后不能够被共享。因此，把文件提炼为知识并上传共享给大家，这是设立知识管理系统的理由。（原则上）文件管理卡片由于不具备知识，而被视为没有价值。总统语录、业务概览、舆论宣传材料、学习资料以及参考资料、人物信息等并不是知识管理的对象。因此在文件管理卡片上增加了知识登录（知识登录卡片）功能，根据不同的课题对各种知识来进行独立管理。同时，知识检索的功能最为重要。无须设立单独的分类体系，就能够利用文件管理卡片，以完成汇报的文件为中心实现知识管理。知识检索要实现以题目、目的等检索词来检索的功能。高质量的文件有益于更好地检索，因此需要从文件使用者的视角来研究撰写文件的方法。

来源：知识管理方案讨论会（2006.2.1）

引入常设评价制度的全球先进企业案例

最近三五年间，全球先进企业的评价体系发生了根本性变革。大约7%~8%的《财富》500强企业已经开始采用"常设＋个别"的人事评价制度。其中最具代表性的案例是GE（通用电气公司）取消了过去30年间一直使用的"10%规则"的相对评价方式，而转为了"GE PD (Performance Development)"的绝对评价方式。

"10%规则"被认为是一种很高效的评价系统。这种方式通过一年一次的评价，将全体公司员工划分为20%的先进组、70%的中间组和10%的落后组。先进组将获得两倍甚至是3倍于中间组的薪酬，而落后组则需要离开公司。这是一种典型的结果导向型评价方式。对于那些习惯了依靠移动设备来作出及时反应的新一代职场人来说，一年一次的相对评价人事系统并不合适。有人指出，如果对重视个人独创性的年轻一代职场人采用同样标准的相对评价，评价结果将对组织的变革产生反效果。

因此，以杰夫·伊梅尔特（Jeffrey R. Immelt）总裁为首的GE管理层从2012年开始推进GE人事评价系统的改革。全球战略咨询公司麦肯锡在《成果的未来》报告中指出，相对评价方式将导致组织利己主义盛行、职员士气低下等问题，并表示这已经是公开的秘密。比起只聚焦于结果的绩效评价,更需要能够在完成目标成果的同时来激发员工的能力,持续管理流程的绩效管理正是驱动力量之所在。这种评价方式对每个职员的目标达成过程随时进行检查并提出需要改善的建议,此后根据提出的新目标完成情况对员工进行实时的评价。

以"优先次序"取代"目标",从而能够根据变动不定的经营环境来修正目标。通过领导与组织成员间频繁的交流来完成评价,因而拥有了提升评价可信度的优点。对于领导来说,需要每个星期五的上午放下其他所有工作而专注于常设评价。领导要围绕着每一个职员对企业和组织产生的具体商业化影响来施行评价。"请继续保持(Continue)"表示对员工的肯定,而"请酌情考虑(Consider)"是希望员工进一步努力。用这两种相互区分的评价用语来提升职员对于评价的接受程度。

GE总裁根据领导们的常设评价洞察来评价领导。通过APP(PD@GE)和在线聊天群将评价过程数字化,能够极大地节省人事评价的时间和费用。根据企业咨询公司埃森哲的统计,拥有1万名员工的企业所使用的人事评价平均费用和时间在一年内分别能够达到3500万美元和200万小时。GE要求全体职员在线上记录自己的工作成果,领导则通过检查记录的成果来实施评价,然后职员再基于"请酌情考虑"的评价来进一步努力开发自己的潜力,从而达到预期的业务绩效。这样一来,实现了企业人力资源管理的良性循环。就像是孔子和韩非子等东方圣贤们所主张的"循名责实"思想,每个人都应该尽到与自己职位相符的责任。

来源:EON Group 刘永美(音译)副社长(2017年2月15日,Naver 公开发表内容),《提升绩效评价方式的变化》,韩国经济新闻(2015.8.19)

第六条工作原则：记录管理的义务化

卢武铉说："我们只做到这种程度的话，并不能踏上新的征程。要从对记录文件的管理着手实行新的管理，需要告别将过去的所有材料全部删除和废弃的恶习，在国民面前公开真相并向国民发誓以后不会再出现失误。在管理文件的过程中，需要一直带着这种意识，为树立典型进而实现文件管理的规范化而付出努力。"因此，"记录管理的义务化"被列为了易知园的第六条基本工作原则。

独立设置的记录管理系统

幸运的是，易知园实现了工作方式的变革。不仅业务成果，连业务推进的过程也都被完整地记录在案，使得履行记录管理的义务化变得容易起来。前文多次强调过，易知园是青瓦台总统府的业务管理系统。对于易知园本身是否应该全部记录的问题，有过非常多的争论和分歧。结论是总统府秘书室记录管理系统最重要的功能是实现电子版原文件的保存和维护。为了便于业务管理，决定设立独立于易知园的记录管理系统。

所谓的原版文件记录，是指"维持业务执行过程中产生的文件的本来面貌，不做任何的更改和篡改"的记录。尤其是电子记录很容易被修改，很难维持原版的文件记录，因此在记录管理系统中设置了很多功能，以期实现对电子原版文件记录的维护。其中最具代表性的功能是将文件转化为永久保存包的过程。

永久保存包是指将产生记录的文件和相关联的信息（例如起草人、题目、生成日期等）转化为标准的 PDF 和 XML 格式进行保存。通过永久保存包转换过的每一条记录都成为一个独立的保存包，不仅便于管理，而且随着时间的流逝也不会影响文件的再生。经过转化的记录，其所有的使用明细都会被记录在案，因此可以通过系统来确认是否被篡改过。电子原版文件管理诞生于澳大利亚、英国等几个记录管理先进的国家，现在是电子记录管理领域的最热门话题。参与政府总统府秘书室在韩国国内最先搭建起了维护原版文件功能的系统。

从电子记录的特征上来看，很容易产生是否为原版文件的争论，这也是单独设置记录管理系统的目的。同时，在易知园中只需记录一次工作的内容，就能够自动地被记录到管理系统记录中。从工作者的立场来看，按照易知园的工作方式完成工作以后，无须再单独履行记录管理的义务，也不会增加额外的工作量。

这正是参与政府青瓦台的记录管理系统的特征。虽然详细记录所有信息的事情非常重要，但是如果因为记录的内容过多而降低了工作的便利性，整个记录工作也会变得困难起来。记录管理系统中的文件报告自动生成记录功能，极大地减轻了业务负责人的业务负担。就像在图 31 中看到的那样，文件管理卡片的下一级"管理属性栏"中，选择记录类型就会自动录入保存时效和保密分类。开发团队事先已经分析了所有部门的业务，在系统内按照类型进行了分类（记录管理模板）。对于新的记录类型，也设置了新增类型功能。业务负责人迎来了一个在文件管理卡片上撰写报告时只需要点击几次鼠标，就能够自动记录和保存报告的时代。

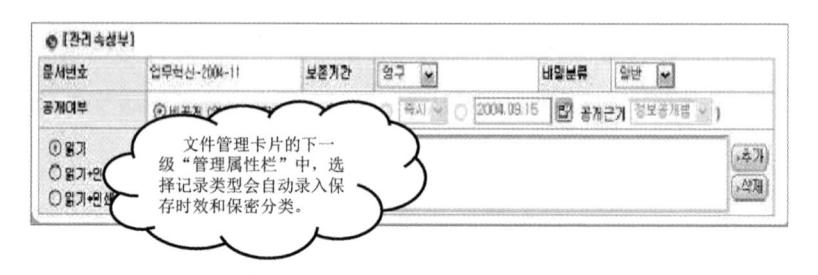

图31 文件管理卡片下一级管理属性栏

记录管理秘书官室负责记录管理。从他们的角度来看，这是在收取记录却不管理记录的易知园上，构筑起了能够无一遗漏地收取各种独立业务系统和网页记录并进行管理的基础。另外，随着封装、认证、监督追踪等功能的实现，维护了原版文件的真实性。同时，随着记录收取、记录重估、信息公开等业务的电子化处理，极大地减少了只能借助手工操作的业务负担。总统语录、行政记录管理功能的实现，使得与总统相关的记录不仅实现了系统化保存和管理，还消除了泄露的风险。

另一方面，记录管理系统的侧重点是原封不动地记录业务过程。为此，最迫切的问题是将彼此不同的易知园业务分类体系和新的电子文件系统（电子签核）的记录文件分类标准进行统一。通过这一过程，易知园的业务分类标准在记录档案分类系统中得到了重现。借助于统一的分类体系，每当在易知园中制定一个单位课题，就能够在新的电子文件系统中自动生成同样的单位业务。这种统一的分类下在两个系统中产生的记录，在转移到记录管理系统之后，被统一为一个单位课题进行管理。通过这种方式，不仅降低了双重分类系统带来的管理负担，也使得记录管理脱离了系统的限制，从而能够按照业务执行过程的顺序进行管理。（参照图 32）

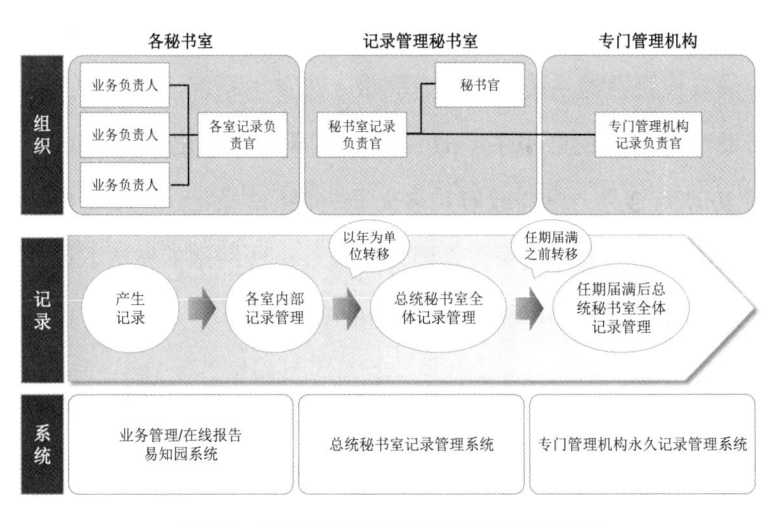

图32 参与政府总统府秘书室记录管理系统

全部的记录管理系统只需要点击一次就能够自动生成记录，从而完整地记录了业务推进过程及结果。不过在易知园系统里面，也有很多类似于日程、业务设想等文件管理卡片上无法记录的内容。为了统筹管理易知园内生成的各种记录，开发团队进行了很多摸索。尽管过去有人主张政府官方记录就是拥有决策人签名的公文文件，但是韩国《公共记录法》中所定义的记录是"与公共机构业务相关且能够获取的所有形态下的记录信息资料"。因此，为了管理记录，需要管理各种不同形态的记录。在记录管理系统中，设置了能够将易知园生成的单位课题、各种在线报告等多样化的记录和新的电子文件系统的电子签核文件以电子化方式相衔接的功能。并且还实现了接受为个别业务而使用的各种单独业务系统记录的功能。个别业务系统中最具代表性的系统是青瓦台简报（主页）系统。青瓦台主页借助于专门的收集程序（HTTrack）实现了记录化。从2003年到2007年2月，参与政府共移交了7525632条记录。由于没有过去的青瓦台主页记录，需要参照国外一些网站的做法，但如此数量的记录真的堪称是一日千里的变化。

记录的公开与交接

记录管理系统中的所有记录，可以通过记录管理系统中多样化的检索功能来检索管理中的记录，并在必要时公开。不仅能够借助于题目、生成机构等相关信息来检索，还能够通过专业（高级）检索功能实现简易检索。对于没有查阅权限而不能检索的记录，通过申请阅览的程序就能够查阅，最大化地提升了记录的灵活利用程度。另外，在存在延迟公开事由或是因其他环境变化而需要公开的时候，能够实现及时的再次分类。信息公开保护系统是记录管理系统建设中的一个环节。利用这一系统，在需要公开记录管理系统中管理的记录时，将其转化为电子化的可保护形态，从而将伪造和篡改的风险降到最低。而韩国民众能够在这样的革命性记录管理系统中查阅和使用记录管理系统中可以公开的内容。

参与政府时期的青瓦台总统府，大致上可以说是拥有了管理所有业务的易知园以及对易知园中生成的内容进行记录管理的记录管理系统这两大系统。除此以外还有一个系统，那就是每次政府换届时的业务交接系统。由于记录管理系统是为了管理记录档案的系统，下一任政府无法使用。另外，政府换届的情况下原封不动地使用易知园的所有内容，也会产生很多问题。青瓦台业务交接的基本方向是最大限度地利用易知园的资料，让交接成为接收人能够整理过去5年间的成果和政策推进履历的契机，同时，接收人通过接受业务过程中生成的材料，能够准确地把握政策推进的历程。这也就是参与政府青瓦台业务交接的原则。

交接机构的范围限定为使用易知园的总统府秘书室和国政课题委员会。交接的材料范围包括：秘书室和国政课题委员会生成的档案中的指定记录中获取限制性记录以外的白皮书或者是政策评价材料、为了保持政策连续性而制作的材料、按照各部门业务现状及秘书室运营所需的手册等现状资料、线下制作的参考资料（外部资料及构思阶段的资料）等。

青瓦台业务交接的顺序就像图33中呈现的那样，分为构建交接系统、事前准备作业（从下任总统当选人确定的前6个月到当选人确定）以及法定总统交接（当选人确定的时间点到下任政府正式上台之前）三个阶段。

第一，在构建交接推进系统及准备阶段，从下任总统当选人确定的前6个月开始，以总务秘书官室、业务革新秘书官室、记录管理秘书官室、政策调整秘书官室等为中心，设立并运营"交接工作小组"。该小组的活动会持续到当选人确定。为了避免出现为使用者带来麻烦和重复作业的情况，交接材料的整理基于是否为指定记录和是否能够公开进行分类的记录移交原则。

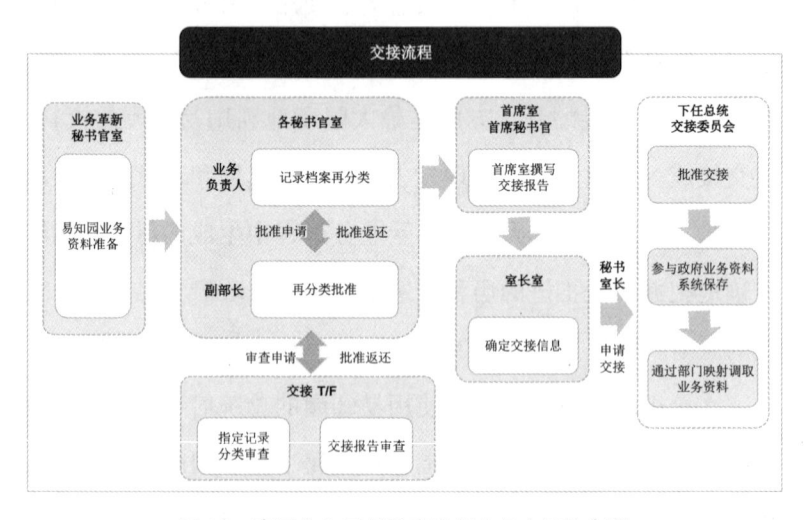

图33 青瓦台向下任政府进行业务交接的步骤

交接材料整理结束以后，撰写交接报告并将处理过程标准化和系统化，以便实现同时查阅基础材料。

第二，法定总统职位交接阶段是从当选人确定以后到当选人正式上任的这段时间。在这一阶段交接双方会设立共同的"交接小组"，进行实质性的交接工作。交接小组成员包括总统府秘书室长、当选人的交接组长以及其他的相关人员，并运作全体会议和实务协作会议。全体会议每周定期召开一次，通过实务协作会议来完成实质性的交接工作。这种一系列的运作过程结束以后，参与政府总统府秘书室的业务被原封不动地移交给下一届总统的秘书室。参与政府希望通过这一系统，提升治国理政的连续性和透明性。这在韩国政府历史上是一件史无前例的事情。

到目前为止，本书深入探讨了易知园的 6 条基本工作原则。这些基本原则是公务员阶层要遵守的最基本的工作原则。参与政府一边强调政府革新，一边将易知园列为其中的一个课题来推进政府革新。

参与政府总统秘书室的业务管理系统易知园，并没有止步于按照青瓦台的特征来单纯地将国家机关的工作方式数字化。这只是将卢武铉所期望的数字系统化的民主最先在青瓦台展开的实验。随着这种工作精神在各领域的扩散，"人治"的工作文化逐渐消失，而基于原则和效率的制度得以在当时的韩国生根发芽。

关于总统记录档案管理的法律制定

为了确定与总统记录档案的保护、保存和活用等记录物的高效管理，以及总统档案馆的建设和运营所需要的事项，制定了第8395号法律，并于2007年4月27日对外公开。在制定该项法律之前，"公共机构的记录档案相关法律（现行'公共档案管理相关法律'）"中，尽管已经规定总统记录档案管理的相关事项，但为了实现对属于国家主要记录档案的总统记录档案的系统化和专门化管理，而单独进行了立法。总统记录档案管理法对总则、总统记录管理委员会、总统记录档案的管理、总统记录档案的公开和阅览、总统记录档案馆的建设和运营等相关事项作出了规定。

总统记录档案管理法不仅对与总统记录档案的管理和保存有关的全部事项作出了规定，还规定总统记录档案为国家所有，并建立了对过去时间内处于盲区的总统记录档案的系统化保存和活用的制度基础。

来源：《记录学用语词典（2008）》，韩国记录学会

最后的记录档案移交

第三次进入参与政府工作是在参与政府任期将满的两个月前。卢武铉总统最后一边授予我人事首席秘书官委任状，一边说"不好意思，感谢了"。卢武铉总统为什么表示抱歉呢，又为什么表示感谢呢？我并没有来得及问。当时，MBC正在拍摄一档题为"青瓦台的人们"的节目特辑，于是向正在等待接受委任状的我问道，为什么在参与政府任期将满之时再次来到青瓦台。我答非所问地说道："参与政府初期，我担任了交接委员，也很荣幸能在参与政府的收尾时期和大家一起工作。"

参与政府最后的人事首席室工作非常繁忙。工作的内容主要是根据总统记录档案管理法，确定需要被归类为总统指定记录的内容，并确认阅览对象和时间。卢武铉总统一直强调要"毫无遗漏地移交记录材料"。遵照这一指示，不仅需要分类整理文件和会议资料，还需要将工作范围扩大到各种相关的记录资料。照片因为时间久远而无法确认其中的人物，因此还要对团体照片中的人物逐一确认姓名和职级，并进行记录。

但是，在人事首席室不仅有公开的人事推荐会议资料和人事制度材料，还有很多人事任命候补人员的评估材料和评价书等可能引发众议的文件。随着时间的流逝，当这些评价材料被公开的时候，无法排除会节外生枝的可能性。而收集有关这些记录资料指定对象的范围、公开与否以及不予公开的标准和期限、阅览人员范围等的意见并不是一件容易的事情。所以，针对人事首席室的记录材料移交范围和比重，我征求了卢武铉总统的意见。卢总统开玩笑似的说道："20年、30年以后，当那些被指定为非公开材料可以被公开阅览时，即使有问题，我们也都不在这个世上了。没关系，原封不动地全部移交吧。"卢武铉总统坚信我们在任期内堂堂正正、尽心竭力地完成了自己的工作。他认为即使日后产生了非议，这些记录也能够成为帮扶后人的历史性记录材料。

然而非常遗憾的是，制定记录档案管理法、费尽心力地整理和移交了各种记录档案等事情在下一任政府并没有得到延续。

来源：《无总统状态下的工作（2017）》中卷

第四章

实践基本工作原则的智慧

世界是变幻莫测的。大众对于民主的认知也在发生着巨变。要探寻出与数字经济时代相匹配的政府工作方式。在找到属于人工智能时代的潮流之前，已经到了要践行公正透明的民主决策工作方式的时候。

在当时的韩国，有人主张构建民主的官僚行政系统。"在现行的民主下，官员和政府作出所有决策，而民众只能得到最终决策的通报。如果数字民主时代到来的话，政府将与国民分享和交换重要信息，国民也能够参与到决策的调整和评价过程中来。信息通信技术的发展使得个人能够便捷地以低成本方式参政。无须亲自前往固定的线下场所，借助于人脸识别确定个人信息后，就可以用手机和其他电子投票方式来参与所有的中央和地方政府的政策决策过程。

在这种背景下，将有各种各样的国民参政议政场所和接受国民意见的机制被建立起来。妥善地保存流通过程与结果的相关信息，就能够了解到谁在什么时候作出了怎样的决定。随着公务员权力受到限制，国家的决策过程将被"互联网社区"或有专业技能的专家所影响，一般人民大众将发挥更大的作用。民主官僚行政体制是在科学高度发达的背景下，将过去无法合二为一的官僚制度和民主制度相统一的结果。由于行政部门的信息处理技术得到了极大的飞跃，这一体制在维持行政部门过去垂直的决策系统的官僚制度下，得到了水平型的决策过程效果，是一种数字化的行政体制。

通过类似于易知园的系统，将顺利地实现对政府业务处理流程的再造，实现政府工作方式的变革，建设更加高效民主的智慧政府，实现治国理政平台的正常运转。

易知园的贡献

易知园的 6 条基本工作原则是为了最终实现系统化的民主。为了实现参与政府的革新目标,易知园也作出了卓越的贡献。就像图 34 展示的那样,参与政府的政府革新目标是通过高效率的行政、有奉献精神的行政、分权的行政、透明的行政、共同的行政来创造出工作出色的政府、深受信赖的政府和善于沟通的政府。

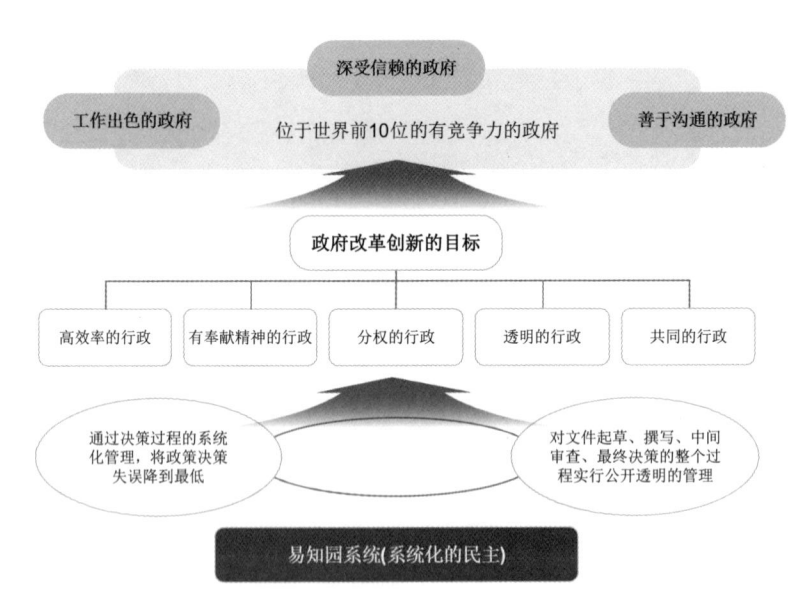

图 34 易知园参与政府革新目标

易知园6条基本工作原则的目的是保证从文件的起草开始，到中间评估检查，再到最终决策的政策决策全过程能够被公正透明且系统化地管理，从而降低政策决策的失误。因此易知园通过信息议题管理—文件管理—课题管理—知识管理—记录管理，避免了因个人工作方式的差异而产生的工作低效和不合理性。也就是说，根据系统确定的标准和流程，每个人在自己负责的领域作出最大努力，并依据系统记录的工作成果来接受公正的评价。通过活用系统，持续地提升个人的工作价值，自然而然地为实现系统化的民主打下基础。只有这样才能够完成政府革新的目标。于是才会围绕着易知园来变革公务员阶层的工作方式，并为此倾注了大量的时间和心血。

笔者之一在参与政府总统府秘书室工作的最初3年努力去理解易知园的内涵精髓。在尽全力开发出方便好用的系统的同时，聚焦于青瓦台内部的变革管理，并在之后的1年间领导了易知园在中央政府部门的推广工作。但现在回忆起来，依然会觉得应该好好反省那段时光。当时为了变革管理，为何没有进行更多的思考，付出更多的心血和努力。现在正在说明的系统化的民主，如果回想当时，到底有多少公务员真正理解了它的真谛并产生了共鸣？这一点也值得反省。在这一章将通过各种各样的案例进一步介绍易知园的思想精髓，从而使更多的人能够对易知园所期待的基本工作原则产生共鸣。

系统化民主内涵

如果要用一句话来概括易知园所追求的系统化民主，可以说，系统化民主的概念与数字化和电子化的民主相似。卢武铉在构思参与政府青瓦台业务管理系统——易知园——的时候，用方便简洁的表达方式将行政业务的信息处理过程系统化，从而提升政策的透明度和专业性。易知园不仅记录了所有的工作内容，以共享和公开为原则来管理内部业务，并以此为基础扩大国民的参政议政，由此来尝试构建参与民主。这是系统化民主的核心。

易知园的系统化是指在信息处理的过程中，通过文件管理卡片和课题管理卡片，借助于IT系统将工作方式标准化并确立工作流程。其中的核心关键词是记录、共享、公开与参与。谷歌（Google）在没有法律问题的情况下，会对外公开工作的内容和信息，以及各种项目内容，以便找到能够参与其中的人才。最近，爱彼迎（Airbnb）、Uber服务等共享经济（Sharing Economy）公司逐渐成为新的趋势，伴随着新冠疫情在全球的扩散，全球加速进入了数字经济时代。而有距离的政府服务成为各国政府不得不作出的选择，这为实践数字化政府从而实现系统化民主带来了最好时机。即使不是在整个政府内部推行，至少也要在公共管理部门半强制施行系统化民主。如果公务员们能够自愿地参与到系统化民主中来是最好的,只有那样才能够实现真正的政治民主,进而实现政策质量和行政效率的最大化。

易知园基本工作原则的相似理论：
彼得·德鲁克的目标管理

系统化民主现在也在逐渐发展成为时代趋势，这需要在公共管理部门践行公开和共享下的民主决策工作方式，才能够实现真正的民主。但强制性的手段并不能够保证基于系统的工作方式落地生根，这至少需要大多数公务员将这种工作方式视为时代精神才能够实现。为此，易知园的 6 条基本工作原则与东西方学者针对杰出工作的研究成果并无二致。在第三章中，无法针对每一条原则来逐一论证。如果能够说明类似的概念已经逐渐成为通识的话，也能够证明与使用易知园的 10 多年前相比，现阶段的公务员阶层已经能够更好地进行变革管理了。

有人[①]基于管理学之父彼得·德鲁克的《卓有成效的个人管理》整理了一本名为《工作卓越人士的 6 条原则》的书籍。这本书与易知园的基本工作原则尽管在某些方面有所不同，但它还是能够给人很深的智慧启发。

彼得·德鲁克的 6 条原则如下：

（1）个人管理，从打破观念开始！

（2）营销，要最先准确把握顾客的意义！

（3）要采取战略性的行动！（找到自己的优点！）

---

① 指日本作家藤屋伸二。

（4）目标管理，要先知道工作的目的。（目标管理，过程更重要！）

（5）组织管理，要确定公司运转的原则。（责任心就是工作动机！）

（6）创新，要考虑创造新的价值！

与易知园系统的思想类似，彼得·德鲁克也从目标管理出发，强调了认识工作目的和认真管理过程的重要性。尽管是从企业管理角度来阐释准确把握战略进展并构建系统的必要性，但这一点与易知园的哲学内涵很是相似。除了执行计划的系统、监督进展的系统以及评价结果的系统，这里还需要能够反映结果并进行修改的系统。通过这样的过程整理，将手头的工作排列出优先级，并按顺序将排在优先级末端且不常做的工作逐一舍弃。只有认真进行过程管理，才能够改善和革新过往的工作习惯。这也正是易知园制定行政业务全部过程的标准并管理业务过程的原因。彼得·德鲁克强调在企业管理的过程中，生产并不是将所有材料放入机器中，而是要有逻辑性地开展工作。这是严格管理工作过程的原因所在。

彼得·德鲁克强调的目标管理非常重要。从工作者的立场出发，为了真正落实依据系统的工作方式革新，要对计划—执行—评价—反馈全过程都进行民主化的管理。这也是易知园的课题管理中所追求的最重要内容。易知园的课题管理系统不仅实现了彼得·德鲁克所强调的基于计划来管理业绩和目标，同时也为了保证目标的实现，以日志的形式来管理工作的过程，将计划—业绩—评价—反馈的整体过程都划分为了单位课题。这也是易知园的一个特征。

另外，为了了解自己执行的课题与组织整体的职能和目标之间的关系，还在易知园内设置了按职能划分的业务分类体系和按目标划分的课题分类体系。因此无论何时，都能够精准地掌握自己课题的履历和背景以及其中的脉络。这是易知园的另外一个特征。

易知园相似案例：谷歌的创意内部网络

谷歌长久以来，一直十分活跃地使用着一个被称为谷歌创意（Google Idea）的内部网络。如果员工对于新产品的开发及过往产品的优化升级有新的创意，可以将自己的想法上传到谷歌创意上。当然，也可以在这一内部网络中对其他同事的创意发表评价（按照0~5分进行打分，0=存在很大的执行风险，5=非常杰出的创意）。公司管理层将在周会上充分讨论内部网络上的创意。如果是优秀创意，将与一个类似于"20% Time"的项目相连接，并继续向前推进。

事实上，谷歌创意中相当多的创意都转化为了实际产品，并取得了丰硕的经济成果。比如，具备同声传译和音视频通话功能的"Google Talk"、个人定制化主页"Google Homepage"等都是从员工的想法演化为实际商业产品的案例。这就像是易知园的"我的设想"功能。当然，在易知园的系统上，其他人是无法对"我的设想"进行评价的，但是从创意诞生的阶段开始，尝试将所有工作都进行系统化管理的理念是十分超前的。可能过于超前，使得很多人并没有从构思阶段就开始积极活用易知园的功能。尽管很多人也想尽量充分利用自己的创意来优化工作，但并不是很成功。

接下来进一步说明一下Google的"20% Time"。谷歌建立这一制度是为了鼓励员工将自己的创意积极推进为产品项目，因此允许每位员工在一周中有一天时间可以来试验自己那些灵光一闪的创意，即使这些创意与自己当下的业务并没有直接关系。这种让员工能够拥有并推进自己专属项目的制度本身，就为员工植入了"这是我的工作"的信念。

首先，有创意的员工需要简单地制作出一份企划案，管理者只对企划案是否与谷歌的愿景和目标相契合进行审查并决定是否推进这一项目。得到批准的员工就成为了自己项目的主人（Owner），在挑选出项目组成员后，独自制定项目的目标和期限，并逐步推进项目。项目成果最终会公开发布给管理层和其他同事。成功的项目将在上司和同事们的推荐下获得奖励。这种源于谷歌"20% Time"的小团队式完整型项目推进方式，非常有利于将创意迅速转化为商业成果。最具代表性的案例就是谷歌地图（Google Map）。这一应用在这种项目方式下只用了8个月就由创意转化为了商业产品并成功上市。尽管参与政府时期并没能做到这种程度，为了让易知园的业务设想阶段能够更加活跃，在公共管理机构引入类似于"20% Time"政策创意挖掘制度，也是很有必要的。

事实上，政策创意的过程最好是有一般民众的参与，这就像是商品生产中的产销合一。产销合一的过程是指消费者针对商品提出自己的创意，企业则通过生产将那些创意转化为实际商品。与这一过程类似，开放的政策设想阶段也应该得到推广。其实完全可以借助于易知园系统的公开运营，让一般民众也共同参与政策创意的构思。民众作为政策的直接被执行人，从他们的立场来看，这不仅为他们提供了改善政策以及提出新想法的机会，也让他们能够为公务员阶层提出的政策设想补充追加意见，从而保证政策有效性。这对政策制定来说，是一件锦上添花的好事。

这也要求易知园要与时代发展要求相适应来不断进化。

易知园思想的历史渊源

茶山先生作为韩国知识管理的大家,他的很多智慧都与易知园系统的内涵思想有着一脉相承的关联。可以称得上是易知园思想的历史渊源。

在这里首先引用一下茶山先生的智慧,来强调一下与记录有关的道理。

不要只用眼睛和嘴来读书,要用手来读书。读书需要勤奋地摘抄和不知疲倦地记录。摘抄得充足了,思想才能够丰满,才会有自己的主见。不及时记录的话,会从记忆里消失。当时觉得要紧的内容,不记录的话则无从查找。努力地、无条件地、勤奋地、不知疲倦地记录吧!记忆模糊的话,思想也就消失了。不要相信大脑,要相信自己的手。记录是思想的头绪。只有记录才能够复原记忆。让书写变为习惯,将记录驯化为本能。

在易知园"我的设想"条目中随时留下摘录的内容是很可取的记录方法。大多数从事非定性业务的人不得不大量地阅读别人撰写的报告或者是书籍,因此应该养成在阅读时随时记备忘录,并将需要进一步思考的内容进行摘录的习惯,以便于日后查看。利用智能手机的拍照功能，将需要的部分拍下来并录入系统，也是一种好的记录方法。当今时代，通过检索功能可以轻易地找到照片、扫描文件，因此茶山先生所说的摘录就更有意义了。

从图35整理的"茶山先生的知识管理方法"可以看出，茶山先生的思考方式比卢武铉总统更具有制度化民主的特性。

1讲 分阶段学习	环环相扣的链条式知识管理
2讲 组织信息	揭示出大趋势的系统性知识管理
3讲 记录并斟酌	掌控思想的高效率知识管理
4讲 讨论甚至争论	能够发现问题的有争议性的知识管理
5讲 强化说服力	具有说服力的逻辑性知识管理
6讲 使用并实践	具备实用性的落地性知识管理
7讲 在权威中站稳脚跟	追求独创的创意性知识管理
8讲 缩短过程	强调重要性的集群式知识管理
9讲 陶冶情操	有温度的人性化知识管理
10讲 不要忘记核心价值	不忘初心的实践性知识管理

图35 茶山先生的知识管理方法

从第1条到第10条，即使只看题目也能够体会到其中深意。虽然茶山先生的时代并没有IT系统，但他已经在概念上点出了通过记录、共享、公开、活用、协作等实现知识管理的必要性。

尤其是看到下面列出的这些茶山先生说的话，就会觉得易知园的6条基本工作原则虽然很难，但却是一条能够为知识管理打下坚实基础的捷径。

"我为什么在这里？我正去向何方？我又为什么活着？"一个人要经常这样自问自答。如果不设定好自己的人生坐标，就会像是在没有指南针的情况下在茫茫大海上漂荡。一旦遇到风浪，必然会陷入困境。水一般会沿着最湍急的水道流下来，然后形成沟渠。这并不是有谁在指挥水去这样做，而是水自然而然的就是这样。所谓的捷径其实就是一条正确的路。正确的路尽管起初看起来走得慢，但是最终会更快。夯实基础就是走捷径，起初看起来很慢，过了初期就会有惊人的加速度。

易知园就像茶山先生说的那样，虽然看起来是一种迂回的办法，但却是一条捷径。即使只看茶山先生有关知识管理的10条内容，也会直观感觉到易知园的6条基本工作原则与茶山先生的知识管理是一脉相承的。如果说还有其他感触的话，易知园是将与政府业务相关的信息和全部处理流程进行了系统化的再造，从而实现了工作方式的标准化。与此相反，茶山先生的知识管理是按照不同主题给出了不同的核心智慧。茶山先生的智慧对理解易知园很有帮助，让人很容易产生共鸣。

接下来介绍一下与易知园第三条基本工作原则"进行工作分类"有关的茶山先生的智慧。虽然并不直接相关，但可以通过类推发现与工作分类有关的智慧。茶山先生说，将眼前乱七八糟的资料汇总为一个整体的过程，即分类汇总（汇分类聚）这一工作很有必要。首先将杂乱无章的信息分门别类，按照不同类型进行区分（分类）。将相似的信息汇聚成一个条块并有条理地安排后，就会显现出不同信息的优劣性和方向性。需要分辨出要紧的信息，筛除不重要的信息，并且经过认真缜密的分析来去粗取精，保留核心。只有那样，才能够在混乱中形成秩序，逐渐看到隐藏的信息。然后，将分类后的信息再次汇聚起来，编入已经形成的规律之中，完成类聚工作。这时候再次统筹起来的信息与分类汇聚之前的涣散信息是截然不同的。由于有了系统规律，划分好的信息完全被改头换面了。

　　将工作进行分类的过程与此类似。如果只是因为觉得"我做的事情就应该是那样吧"，就将杂乱无章的工作放置在一旁是不对的。首先要将工作按种类进行区分，抽取出其中最核心的部分，然后再将分门别类后的信息重新汇聚，统筹为一个单位课题。如果将茶山先生的汇分类聚智慧应用于政府按职能划分的业务分类系统，这一系统也将升级到一个新的等级。但是，按照目标划分的课题分类系统中，只有经过反复的汇分类聚过程，才能够准确确定课题。政府职能处于一个相对比较容易引起共鸣的标准下，但与此相反，由于目标本身的变动不定，因此至少要将汇分类聚的过程反复二三，才能够让更多人对分类系统形成共识。

　　茶山先生已经在200多年前明确地阐明了分类的智慧。细致地将信息分类后去粗取精并保留核心，然后将信息重新统筹为一个大类，就能够找到隐藏其中的规律。通过进一步地挖掘这些智慧，就会完成课题分类并提出具体的、科学的方法论。在进行变革管理的同时，持续不断地升级两种课题分类体系。为此，需要重新设立一个常设的专门机构。这一机构要发挥出基于课题分类体系来总管制订计划—评价业绩—反馈这一业务流程的作用。

为了实践第三条基本工作原则——进行工作分类，需要特别新设一个常设机构。从这一点能够推测出，在参与政府之后，政府的职能分类和课题分类进行得并不是很顺利。另外，只有在较好地确立了政府的职能及课题分类体系，以及全体职员准确地理解系统之后，才能够像第四条基本工作原则所说的那样，领悟自己做事情与政府的目标有着怎样的关系。

茶山先生曾经强调过，借助于书信来讨论是一件很有效率的事情。从这句话中可以找到与第二条基本工作原则——遵守文件管理标准——相关联的智慧。茶山先生将书信讨论的益处归结为如下三点：第一，比起口述，提问题的人用书信将疑问写出来的话，能够更准确地指出问题点，进而逐渐地意识到问题背后的深意；第二，书信的方式让回答问题的人不敢轻易提出自己的主张；第三，讨论问答过程将被完整地记录在文字宝箱（信件）中，轻易不会被忘记（可以保存很久）。也就是说，通过讨论，可以在不同人的评价下，不断地努力提高自己的观点和主张的客观性。

另外，茶山先生还指出，绝不能不加辩解地接受错误的主张，从而被其他人的批判牵着鼻子走。易知园文件管理卡片的核心是路径栏的意见。借助于路径栏，可以从无论是垂直的（审批层级）关系，还是水平的（参考、协助）关系上寻求意见，也可以管理根据意见修改后的新的文件版本。青瓦台变革管理中相当棘手的部分正是在路径栏中发表意见这件事情。大部分文件的审批都习惯使用电子程序，在路径栏中撰写意见就会显得十分陌生和别扭。但是如今时代不同了，在SNS（Social Network Service）中上传自己的消息和意见逐渐发展成为大趋势。即使并不能像茶山先生所生活的时代那样借助于书信来进行讨论，但在路径栏中以言简意赅的短句子来简明地表达自己的意见，并用这种方式来进行变革管理，却会有更大的意义。

茶山先生知识管理的另一大支柱是研究的共同合作，也就是近年来所强调的协作。如果好好利用文件管理卡片的话，就能够从报告的撰写阶段开始产生最大化的协作效应。当然，即使是在参与政府时期也没能诞生出好的案例。但通过最新IT技术来升级易知园系统的话，一定能够实现前述目标。

首先来介绍一下与共同协作有关的茶山先生的智慧。茶山先生通常会确定（正课）一天的工作量目标，根据弟子们的能力不同来为他们分配任务，然后通过弟子们的书钞，也就是一个像卡片一样的东西来整理弟子们完成的事情。通过这种日积月累的集体作业方式来推动共同研究。《牧民心书》①的完成过程可以推测如下：茶山先生将牧民官从到任到离任的整个过程划分为了12个阶段，并将每个阶段设置为6条项目，总共就有了72个条目。根据这些条目来从中国的《二十四史》及韩国的各种历史记录和文集中选取案例，并分配到每一个条目中去。茶山先生的弟子们则按照各自能力的不同，来分别负责制作卡片、手写、校对、装订等工作。通过这种系统化的方式，茶山先生完成了《牧民心书》的写作。在此期间，可能也经历了信息汇总、聚众讨论、确认原文和注释的过程。在完成了确认真伪以及重要性排名的第一轮工作之后，茶山先生直接进行又一轮的检查和完善，并进行修改。茶山先生是整个过程的进度指挥官、企划编辑总管以及责任项目经理。韩国公务员阶层也需要借助于茶山先生般的角色分工，将共同工作甚至是协作的方式转变为日常的工作文化。

卢武铉总统也曾说过，易知园的最终目标是实现知识管理。易知园的第五条基本工作原则（梳理工作内容）正是为了知识管理而定下的工作原则和方式。接下来，通过直接引用的方式来介绍茶山先生与此相关的智慧。对于知识管理来说，使用系

---

① 《牧民心书》为朝鲜王朝时期文臣丁若镛（茶山先生）的作品，全书共有12篇，每篇为6条，共编成72条。选择收入了朝鲜和中国的许多著作示例，其中包括农民的实况、对书吏的否定，论述了土豪的危害、城市平民的生活状况等。此书可成为研究朝鲜近代史，特别是研究社会经济史的宝贵史料。

统让人的认识发生变化比起系统本身更重要。

茶山先生说：

> 解决问题时，并不是信息越多越好。从纷繁的信息中将最重要的信息与无用的信息剥离开来，才能够解决问题。逐一分析来评估信息的真（真实的、有用的信息）伪（假的、无用的信息），并为其标价。关键在于自己，而不在于信息。找到好的模范，向好的先例学习，但是不能照搬，要作出改变。要根据实际情况来修改和变更。把多余的内容去掉，舍弃不合适的信息，并补充缺少的内容。自己需要从过去的经历中学习的只是方法，并不是内容本身。不要只是单纯地重蹈覆辙。要渲染出自己的色彩，发出自己的声音。我就是我。

教育（学习、苦读）的目标是打开智慧的泉眼。只要打通了一个泉眼，一年四季都会有清澈凉爽的泉水汩汩流出。自来水管道的水在使用以后一定要拧紧龙头，但是泉水不需要格外珍惜，反而是越流越多。

事到临头再着手准备就晚了。要能够提前预估或是预测事情。要能够读懂字里行间的深意，要看到隐藏的内容。不仅要在学习中做到这点，日常生活中也要如此。学习与生活如出一辙，不能分开来看。

学习的时候不能太爱面子。接受别人的优点，果断摒弃自己的缺点。就算是接受别人的意见,也不能照单全收,要根据实际情况来变通。唯有如此才会产生变化,才会有所发展。

茶山先生说:

> 要撇除常识和惯性,只用自己的眼睛去看。不要墨守成规,要有新意。如果只是依赖惯性,任何事都不会成功。去除思想的毛茬,发出自己的声音。此前从未听说的事情,但听过之后觉得是理所当然的话,就是一件很有创意的事情。听的时候觉得像那么回事儿,但是听过之后反而觉得更加混乱的内容可能就是异想天开。深刻的感悟隐藏在平凡之中,要培养能够识别出它们的洞察力。

如果公务员都能够将茶山先生的智慧铭记于心,认真地进行变革管理的话,就一定能够通过易知园来为政府的工作创造出全新的价值。使用易知园,也会迎来协作和共同工作成为日常化业务,并借助于文件管理卡片的路径栏展开激烈讨论的时代。这样一来,不管出现什么局面,公务员们也可以通过透明和专业的工作来得到公正的评价,避免发生不必要的自责。更进一步来说,希望易知园能够帮助公务员阶层顺利实现知识管理,让国民能够一起参与到政策制定过程中去。

易知园的目标是基于文件管理和课题管理,实现行政业务全过程的系统化,让公职人员能够公正有责任心地工作,同时记录下工作的全部内容并进行共享和再利用，从而实现知识管理。将系统化民主引入到公职阶层工作方式的理由，是为了改善政策决策过程，使其能够持续为民众创造新的价值。这就像茶山先生所传授的智慧那样，不应该墨守成规，要学习优秀的先例，并根据实际情况进行变通。如果好好利用易知园的话，它就会成为公职阶层知识的泉眼。茶山先生的话应该被每个公务员铭刻于心，诚实、诚实、再诚实地学习和讨论。

有识之士的特点用一句话来说就是，有长远眼光（远虑、长虑），能够进行成熟的思考，对于要解决的问题会一直苦思冥想，直到找出答案。如果具备长远思考的眼界和见识，即能够在事情发生以前发现征兆（知来）；在做事情的过程中追求完美，进而将事情圆满收尾（要终）；在事情结束以后也能够再次识别出变化（知变），并做好应对措施。如果在事情结束以后就满足现状、停滞不前，就会频繁地出现胶柱鼓瑟的错误。

只有拥有了远见卓识，才能够活出随机应变的人生。胶柱鼓瑟的意思是用胶把柱粘住以后奏琴，形容固执拘泥、不知变通。与此相反，随机应变是形容人根据变化来选择适当的方法和手段，形容为人处世非常灵活。就像茶山先生说的那样，要不停地努力学习，才能够成为有远见卓识的人。自己学习固然重要，但与别人讨论、共同学习成长也很重要。认真遵守易知园的第六条基本工作原则的话，就会逐渐积累起见识。因此，最重要的是相信这条原则并付诸实践。

易知园系统企业应用案例

易知园和 On-Nara（政府业务管理系统）不仅能够活跃在韩国的公务员阶层并发展成为韩国政府的知识平台，通过适当的变形改造，也能够成为企业的智慧化工作系统。接下来介绍一家韩国全球性的钢铁企业曾经尝试使用过的"智能工作场所（Smart Work Place，以下简称 SWP）"案例。（参照图 36）

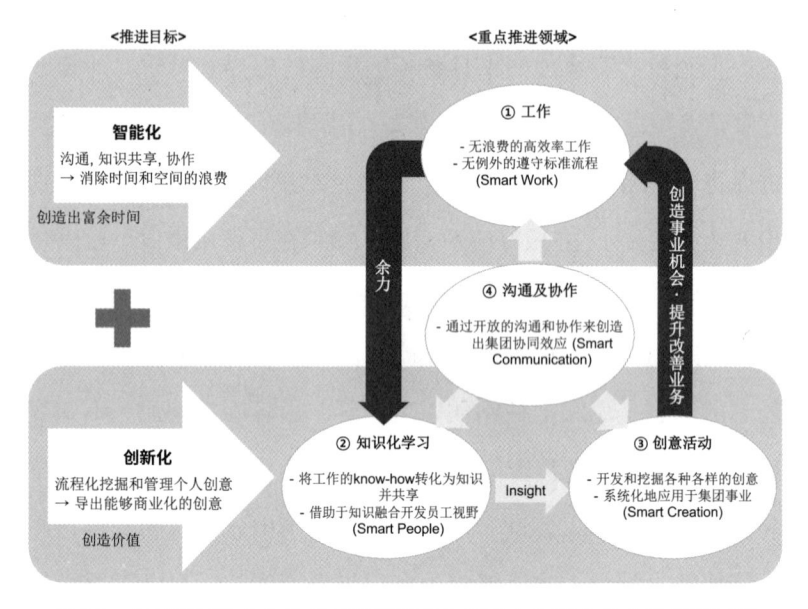

图 36　全球化钢铁企业 P 公司的智能工作场景（SWP）推广目标及领域

为了以最小成本和最具创意性的方式提升业务生产效率，SWP 应运而生。新时代的年轻人能够像对待自己身体一部分那样将智能机械玩弄于股掌之上。因此，为了与他们全新的工作和生活方式要求相适应，P公司构建了SWP这一柔性工作场所形态，并积极推广。虽然SWP与易知园的目标略有不同，但它作为私营企业尝试搭建在线工作空间的案例，还是很有意义的。未来，易知园也需要应用新的IT技术来满足年轻一代的工作诉求。SWP在这方面给出了很好的启发。

SWP的第一个目标是通过沟通、知识共享、协作等方式来消除时间和空间的浪费，从而创造出富余的时间（Time）。第二个目标是制造出挖掘和管理创意的标准流程，实现知识的积累和再创造，从而创造出新的价值。就像在图36中看到的那样，比起工作本身，SWP将智慧化工作（Smart Work）、促进工作转化为知识并学习（Smart People）、让挖掘创意的想法成为日常（Smart Creation）、通过开放的沟通和协作来创造协同效应（Smart Communication）设为了重点推进领域。

首先，在被称为智慧化工作的"Smart Work"领域，将业务可视化和日程管理统合为一个系统，让移动设备更加便于使用。同时，通过尽可能详细地确定业务计划，让业务可视化更加具体，并据此来准确记录业绩，消除了业务过程中对时间和空间的浪费。为此，通过与业务流程的相互匹配，最大限度地实现了业务业绩的自动化记录。每个系统的待做事项（To-Do List）都被统筹到一个画面上，开展业务的同时，业绩就被自动记录下来。如果是线下的工作，需要在工作结束以后将业绩录入线上系统。必要时也可以在线修改日程。通过运营包括文本文件、音频文件、照片、视频等在内的综合智能型内容检索系统，可以在本人期望的时间和地点搭建起能够工作的智能工作场景（Anytime-Anyplace）。另外，在线上工作空间可以进行视频通话等多渠道的沟通方式。因此，员工们可以随时在线上开展工作合作，将不必要的电话、会议和报告数量减少到最低。

易知园的第一条基本工作原则——严谨详实地记录——的核心是确立日程和计划，并根据计划来记录业绩。在未来的智能工作场景中，需要对易知园实现与之相匹配的升级，并在线上尽可能实现便利的工作，同时自动记录下工作业绩。当然，同时也要最大限度地利用智能技术来平衡安保和权限的问题。这些都是未来需要进一步探讨的大课题。另外，要让智慧化技术场景下的工作合作变得更加方便，通过实现综合智能化检索，也能够将人们对于记录不便的怨言和借口降到最低。（参照图 37）

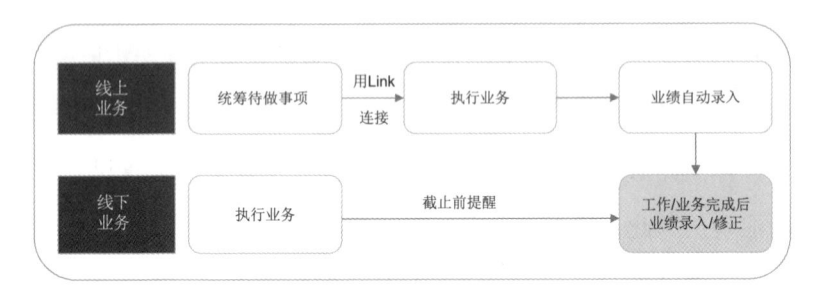

图 37　SWP 业务业绩的自动录入

接下来介绍一下用于工作知识化并促进学习的"Smart People"领域。在这一领域搭建起了即使不通过主观意识也能够自然而然地将工作、学习以及创新活动积累为知识，并通过自动分类更加方便使用的系统。对于那些不能够转化为文本文件的业务，可以借助于音频或视频技术完成记录，诀窍（Know-how）等业务经验以格式化的内容保存为知识。通过让使用者参与制定知识分类系统，提升了这一系统的实用性。另外，为了在发生问题时，第一时间找到期望的解决办法，还构筑了能够利用直接或间接相连的专家网络来实时获取解决方案的智能化社交检索（Social Q&A）系统。随着这种方式下积累起来的信息和知识的日益增多，一定会发生信息安全问题。为此，也设置了多样化的安全保障措施。

尽管SWP中那些为了创造"Smart People"的功能并没有全部实现，但是这一系统的发展方向是十分可取的。易知园的终极目标是知识管理，它也需要与智能化时代的发展相适应，重新确立自己的概念并进一步升级。知识管理的活跃性与信息安全风险总是相伴相生，又相互发生作用。有必要与专家们一起认真思考如何让易知园的升级与信息安全问题"和谐相处"。

接下来介绍一下让挖掘创意变得日常化的"Smart Creation"系统。这套系统尝试着借助活跃的网络社区来长期收集优秀创意。为此，让提出创意的人之间能够相互浏览彼此的想法并交换意见，从而让他们建立起合作而非竞争的关系。另外，为了让创意有进一步的发展，以能够提取信息和创意的自主性方式来运营社区，取代了"寻找"式的社区运营方式。此外，还制作了有趣且会给予适当补偿的Fun/竞争项目。为了保持创意挖掘活动的活跃性及持续性，构建了将建议者、评估人以及专家等所有参与者们的贡献包含在内的评价体系，采用了同时考虑业绩成果和活动的评价基准。

如果通过挖掘出有创意的政策，并让创意像滚雪球那样衍生成为新的政策，将是一种最理想的政策制定方式。而易知园在创意的挖掘和关联的系统化方面并没有付出太多的努力。如果考虑到国民的政策参与诉求变得越来越强烈的社会趋势，那么搭建起政策创意挖掘流程的智慧化系统与知识管理一样是必不可少的部分。

最后要介绍的是通过开放的沟通和协作来创造协同效应的"Smart Communication"系统。这个系统试图通过SNS等线上社区，让交流和沟通变得活跃，从而强化社交网络的属性，同时也是希望搭建起能够打破组织的边际，找到与业务特性最相符的最佳人选并为其分配任务，对业务执行业绩进行公正评价的系统（Swarm型）。在这里，Swarm型业务是指不同组织的人员迅速行动，暂时聚集在一起协作解决突发性的非日常业务。

如果通过沟通与协作能够迅速应对突发业务的话，公务员阶层将会获得国民更多的信赖。公务员阶层需要落实对易知园6条基本工作原则的实践，易知园需要发展成为与新技术和新时代发展相适应的公务员阶层智能化工作场所。为此，公务员阶层应该率先通过大量的讨论和学习，向着更高效率的方向自我革新。希望公务员们能够记起"改革创新的最重要事情是让工作成果更加突出"这句话，铭记改革创新不能脱离这个方向。

因此，只要拥有热情和愿景（带着问题去引出改进课题）、有创意的想法（在给定的条件下找到解决方案）以及知识和学习意志（能解决问题的业务知识和学习意志），业务革新就能够取得成功，也能够积极地推进自我革新。

与易知园"我的设想"相类似的创意挖掘案例

Intuit 是一家设计财务和税收软件的美国公司。该公司也同样赋予了职员思索新颖创意的时间和执行创意的裁量权。公司前 CEO 布莱德·史密斯认为 Intuit 作为一家拥有 8000 名员工和 30 多年历史的大型公司,之所以能够一直像初创企业那样进行持续创新的秘诀就是公司的"非结构化时间(Unstructured Time)"制度。这一制度让员工每周能够自由调节自己 10% 的工作时间用于投入自己热衷的项目。这一制度允许员工直接以解决顾客不满、开发新产品、改善工作环境、学习新技术等为主题自主设计小规模的软件设计项目,提出自己的新颖创意,并进行测试,直到最后产生成果。为了避免员工的创意因组织的复杂制度或规定而被埋没,公司还设定了一项"两盘披萨规则(Two-Pizza Rule)",这项规则允许员工自行组织 4~6 人组成团队,由于团队成员数量刚好能够吃下两盘披萨,这项规则也因此而得名。团队要在大约 6 周时间内将最初的创意发展成为商品概念,以此来加快工作的进度。

3M 也在运行着一项允许研究人员将 15% 的工作时间用于思考创意以及研究新产品和新技术的制度。对于那些利用这 15% 的时间挖掘并提出了革新性创意的员工,3M 将为他们提供直接组建项目组的机会，并提供 10 万美元以内的项目基金经费。这一制度被命名为"创始基金 (Genesis Grant)"。创始基金作为 3M 的一种新事业基金，从 1984 年开始为 3M 培养出了无数的企业内企业家 (Intrapreneur)。从主要运营方式来看，公司职员一旦提出了新颖的创意，公司内的技术专家以及科学家将组成评审团，对创意进行第一轮的评审。通过第一轮评审的创意将接受由高级技术专家、市场营销及经营管理部门的专家组成的评审团进行的第二轮评审。第二轮评审将围绕着"以前是否有过类似的创意""这种创意的市场竞争优势如何""能否进行数据分析"等问题展开。如果通过了第一轮和第二轮评审，提出创意的员工将成为创意冠军，进而得到"创始基金"，并开始招募自己的项目组成员。项目组将主导设立项目计划、开发、市场营销测试等一系列的项目活动。3M 每年大约会为 15 个创意提供"创始基金"。3M 的明星产品思高胶带、3M Vikuiti 反射膜、多层光学胶片 (Multilayer Optical Film) 等都是诞生于"创始基金"制度，为 3M 贡献了大约 10 亿美元的营业收入。

来源：LG 经济研究院"全球创新企业的工作方式 7"

《别告诉我你会记笔记》传达的智慧

畅销书《肥胖不再来：记录式减肥》（冈田斗司夫著）中介绍了"记录式减肥方法"。这种减肥方法将减肥的重心放在了饮食的记录上，而不是对饮食的管理上。工作也大致如此。如果记录下工作的情况，就能够使问题明朗化，从而找出改善问题的方法。找出做好工作的方法也就变得容易起来。如果记录下工作中频繁出现的失误和错误，不仅有助于分析失误的原因，也能够积累成为好的经验材料。通过记录可以对工作的进展情况一目了然，因而工作的时间也变得相对自由起来。处理工作的速度也会逐渐加快。这是因为如果记录下工作所用时间，下次遇到同样或者类似的工作就会有意识地将时间限定在过去的记录之内。只要有了记录，即使是再简单的工作也会让人萌生工作动力。对比记录，就会不由自主地反复琢磨"怎么做才能够提升工作速度""是否有更好的工作方法"等问题。这样一来，就会知道为了取得工作成果应该怎样做。奥林匹克记录之所以每年都会更新，是因为运动员们为了打破纪录一直在努力着。目标越是明确，人们越是会向着目标努力，以求突破目标。

——不是为了背诵而写下来，是为了以后利用而记录下来。

——一旦有了想法，要立刻记录下来。如果是以记录的形式留存下来，记录的内容将会成为打开思想复苏之门的钥匙，空闲时间能够让思想进一步升华。

——备忘录是一种盛满了日后所需的所有信息的器皿。它应该能够装下那些片面的想法和一些尚未经过理论验证的粗略思考。无条件地将所有想法记录下来是记备忘录的第一阶段（也可以利用移动电话的备忘录功能）。

——在备忘录中写下的那些片面的想法，可以在航母记录中进行总结概括。航母记录的作用是让记录变得丰满以及记录一些结果，因此是记录的第二阶段，需要以计算机的文件作业记录为前提。

——日程记录与航母记录是一个组合，只需要记录日程。

——如果将所有信息按照时间顺序整理在一本笔记中的话，各种信息彼此之间将相互连接，非常便于管理。从简单记录和持续记录的意义来看，"合二为一"以及"按时间顺序记录"是最有说服力的方法。

——要养成无论什么内容都随时记录的习惯。

来源：美崎荣一郎，《别告诉我你会记笔记》

茶山先生有关知识管理的四字成语

수사차록（随思札录）과묘계질서（妙契疾书）：

茶山先生最强调的是不要相信自己的头脑，要勤于记录。随思札录的意思是有想法浮现时，要随时记录下来。妙契疾书的意思是要抓住一闪而过的领悟，立刻记录下来。两个成语的意思都是说要在想法消失以前及时地进行记录。

어망득홍（鱼网得鸿）：

这个成语的意思是为了捕鱼而架起了渔网，但也可以利用渔网抓住大雁。看起来没有意义的那些记录卡片在彼此相互衔接后，使得棘手的问题突然很顺畅地得到解决。这样的经验成为了茶山先生著书的原动力。茶山先生的方法是在进行手头工作的同时，为了让新浮现的那些想法不消失，也要坚持记录下来。这些想法会衍生出新的课题。

여박총피（如剥葱皮）：

茶山先生的研究，就像是一层一层地剥掉葱皮以后，进入大葱的内部，通过反复的缜密分析，直到寻找到核心的真理。茶山先生说，缜密的调查就像是剥葱皮。在找到最后的结果之前，要一直与人讨论和争辩，这是调查研究的基本。

在一问一答之间逐渐缩小争议性问题的异议范围。虽然可以通过面对面的方式来讨论，但是借助于文字的书面讨论过程是更重要的。

문목범례（问目凡例）：

茶山先生无论是写文章、著书，还是整理课题时，会首先设定好目录和摘要。在决定目录之后再来决定如何具体地呈现每个条目的内容，并在找到具体案例后让弟子们原封不动地摘录下来。无论是什么样的工作，都需要首先确定目录和范例。也就是说，要在确定了书籍的目的并构思好完整的框架后再着手撰写。就像是在有了一张完美的设计图纸以后再开始施工一样。

공심공안（公心公眼）：

茶山先生在对待事物方面毫无私心，坚持了追求真理而排除一切偏见和权威的立场。这种思想萌芽诞生于茶山先生的年轻时期。属于南人党派的茶山先生在与正祖大王的较量中，超越了自己的党派，遵照自己的想法支持了栗谷李珥的说法，而不是退溪李滉的意见。茶山先生不畏权威和偏见，堂堂正正地表达自己意见，正是他赢得正祖大王信任的原因。

来源：郑民（音译），《茶山先生的知识管理方法（2006）》

成为有远见卓识的人

　　茶山先生说：要想学习好的话，要有远见卓识。如果没有领悟能力，每当在不同地方听到不同的意见，就会踌躇犹豫。耳根子软的人就会听之信之，只对自己听到和学到的内容产生怀疑。要打起精神来。不要为了饮食而劳心费力，要为了自己精神灵魂的觉醒而付出努力。有识之士不会彼此互相夸赞。他们会彼此进行尖锐的批评和冷静的评价，指出对方的缺陷，暴露出对方的错误，并引领对方走向正确的方向。对于别人的批评指正，也要心如止水。该接受的就接受，而应该提出反驳的就要坚定果断地进行反驳。不要妄自主张，不要毫无根据地乱说。如果没有论据，就不能成为论证。

　　来源：郑民（音译），《茶山先生的知识管理方法》(2006)

结束语

系统化观念
重塑政府业务流程

从你从睡梦中醒来的瞬间起，网络就开始试图预测你的意图。由于记录下了你的日常工作，网络会试图预测你的行动，会尝试着在你提出问题之前给出答案，在会议召开之前准备好需要的文件。通过参考日期、你所在的位置、你过去一周的饮食以及你上次与朋友见面时做过的事情，网络会基于这些所有你需要考虑的因素来为你推荐一处无可挑剔的、与朋友共进午餐的场所。你会与网络对话。比起一直翻阅手机里存储的朋友照片，你会向网络提问有关朋友的问题。网络会预测你想看到哪一张照片，会根据你看照片时的反应选择是否继续推送同一朋友的照片或是推送其他朋友的照片，或是直接给你展示下次会议之前需要看的两封电子邮件。网络会成为类似于电力的那种在低层次上一直存在的东西，一直在我们的周围。到了2050年，网络将被视为一直在我们身边的聊天对象。

这些都是凯文·凯利在《必然》这本书中叙述的内容。在2016年，这些内容可以被视为小说中的故事，从而被无视。但是也有人主张，随着技术的飞速发展，人类要做好迎接这种未来的心理准备。日常生活如果变得如此公开透明且被充分记录的话，那么公务员阶层的工作方式将借助于类似易知园这样的业务管理系统来进行公开透明的记录，除特殊非公开材料外尽可能地将所有内容公开，提升政策的质量难道不应该是一件理所当然的事情吗？

第四章中的各种案例，充分展示出了应该积极践行易知园的6条基本工作原则的理由。但是，随着系统上所积累记录数量的增多，信息泄露等安全风险也会变大。虽然技术的发展能够解决这样的问题，但仍然有一点让人很是担忧。在韩国公务员阶层的文化中，公开透明的记录日后反而会由于审计和信息公开等原因，对自身产生不利影响。即使时代的潮流和范式改变了经济社会的所有领域，公务员阶层的工作文化也会依然如故。因此，很难让公务员和依照系统的工作方式产生共鸣。

所以，最先需要迈出的一步是完善公务员阶层的评价和薪酬体系，使业绩评价能够与系统化的工作方式相匹配。律师如果不按照时间单位来记录自己的工作，就不会得到报酬。公务员们也应该如此。将自己的工作内容记录在业务管理系统中，如果不进行记录，就会失去升职和获取奖金的评价机会。当然，这种想法将会遭到强烈的反对。但是，由于公务员阶层是用纳税人的钱在工作，这样的工作机制是十分合理的。

公务员阶层的工作方式走出"暗箱"的时代已经来临，这一点是显而易见的。如果通过评价制度来强制改革公务员阶层的工作方式，公开的程度会更加明显。但是能够保护公务员阶层业务负责人的政治文化是更加必需的。对于在系统中记录的业务资料，即使是在公务员体系内部，也要根据每个人的权限来决定个人是否能够查阅和利用资料。为了向全体国民公开档案资料，应该建立起与时代要求相符合的资料公开标准，并对档案资料进行管理。首先，最重要的事情是将公务员的所有工作内容都无一例外地记录在政府业务管理系统中。

当然，政府也不能被排除在外。就像参与政府时期所做的那样，要让基于系统的国政运营文化扎下根来。对于向全体国民公开记录档案，不仅需要与全体国民达成协议，也需要考虑一些其他问题。关于透明性问题，谷歌（Google）前任执行董事长埃里克·施密特有着如下的精彩论述：

> 人们混淆了透明与袒露的概念。企业拥有自己固有的信息，不能够随意说出自己的经营业绩。人们经常会问这样一个问题："如果你是一家透明度很高的公司的领导，那么你们为什么不能公开所有的源代码？"我们有很多不公开源代码的理由，其中一条是算法是一个与伪造相关联的事物，另一个原因则与网络安全有关系。但是，我还是希望我们其余的大部分工作能够更加透明。但我却无从下手。

公众要求政府公开信息的渴望不亚于对企业经营管理透明性的诉求，这也正在发展成为一种世界现象。这种渴望并不只是停留在单纯要求信息公开的层面，而是韩国民众希望与政府能够发挥出一种促进双方协作的平台作用。如今民众对建设真正的国民参与式政府的要求正变得日益普遍化。

以杰夫·贾维斯（2011）与 Ushahidi 的专利审查协作制度

（Peer to Patent）这一双方协作为例进行一下说明。开放的政府并不是数据的最初来源，全体市民也应该向政府提供各种数据，从而帮助政府更好地完成行政管理工作。Ushahidi 是一个能够将每个市民存储在手机中的数据汇集到一起的免费开放资源的平台，数据基本上由用户贡献。这一平台可以在发生信息技术危机时，采取相应的应对措施，并完成数据复原工作，也可以用于应对华盛顿的积雪清扫作业问题（帮助市级公务员找出积雪问题较严重的地区）。

一方面，专利审查协作制度在试点项目中会公开一部分经过特别筛选的专利申请，向用户发出一起帮助专家来进行审查的申请。最终，原本需要经过3年的专利审查过程能够非常迅速地完成。这一平台不仅让用户知道自己所属的团体内部发生了怎样的事情，也将信息汇集到一个平台，有助于信息的共享和分析。所以，政府借助这个平台就能够更好地完成自己的工作。如果想要市民利用政府基于公开数据所搭建的平台，就需要政府发挥平台的作用。参与政府时期的易知园已经非常成功地扮演了平台的角色。现在需要易知园来进一步展现自己的力量了。

易知园的6条基本工作原则非常符合韩国民众对开放政府的期望。如果公务员阶层的全体工作人员严谨详实地记录下自己的所有工作内容，并将其与其他人共享，且在必要时引导全体国民来参与政策决策的话，就一定能够建立起与公开、共享以及连接的第四次产业革命时代相符的开放式政府。凯文·凯利（2016）曾经强调过，"互联网的坏家伙们"能够将过去被漠视的、被动的消费者转化为积极的创造者。全新形式的参与则居于中心地位，这种参与促成了日后基于共享的文化的日益发达。韩国的公务员阶层从现在起也应该基于易知园来打造全新的共享和参与式的公职阶层工作文化。

对于开放式的政府来说，尽管易知园的工作方式并不是独一无二的解决方案，但它在参与政府时期5年间的应用经验已经让其成为了坚实的基础设施底座。如果未来有任一层级的政府机构希望从事政府机构改革的变革管理工作，请注意以下三点建议：

1. 为了实现基于系统化原则的治国理政，要强化法定的责任和义务；

2. 设置常设的专门管理机构并赋予其相应的职能；

3. 为了实现工作方式的革新要推进持续的系统化教育。

从业务管理的规定来说，公务员阶层的全体工作人员将全部工作内容记录在政府业务管理系统中，并根据记录下来的业务绩效来接受评价。第一条建议是希望修订公务员基本法以及与评价相关的所有规定，让前述的业务规定强化升级为公务员的义务，无论政权由谁掌握，都能让这种工作文化扎根于政府之中。有必要在各类公务员考试中增加相关内容的考核；这一建议原则上应该被中央政府部门、地方自治团体以及所有的公共管理机构所采用。同时，如果是私营企业部门采用了类似的业务管理系统，比如ERP（Enterprise Resource Planning，电子资源管理）软件包时，可以给予企业相应的税收优惠。这些都值得政府进行可行性研究，因为这些都是为了在全社会范围内构筑起公开透明且有责任心的工作文化。

第二条建议的含义是应当设立专门负责系统化治国理政的泛政府性的专门机构，或是通过赋予相应部门与此相关的常设职能来实现持续性的变革管理。这一常设机构需要以按职能和按目标的课题管理系统为基础，系统化地掌握公务员阶层的全部业务。因此，应该赋予其综合统筹管理（Control Tower）与课题相关的预算计划、业绩评价甚至是基于组织目标的评价等内容的权限和责任。

第三条建议需要全体公务员对于系统化民主的发展方向以及革新工作方式的必要性主动产生共鸣，也就是说针对如何具体化地进行革新等进行持续的教育。凯文·凯利（2016）在预测未来30年将出现的不可避免的技术变革时，曾说道："从现在起，过程比产出成果更重要。"这句话的意思是，无休止的变化和改进性质的革新方法论本身，比起发明出类似于智能手机那样的特定产出成果更加重要。易知园的工作方式也是如此。需要持续不断地推动信息及业务处理全过程的变革来实现系统化的民主。全体公务员都应该成为这一事业的主角。所以，公务员阶层的工作方式革新反而会首先在私营的企业部门得到推广。如果将韩国的这种基于系统化的工作方式优化成为适用于外国总统辅佐机关及行政机关的标准化业务管理系统软件组合，然后向国外输出韩国的这种工作方式革新，也绝不是无稽之谈。

为了突出上述三条建议，这里引用一下凯文·凯利（2016）曾经作出的预测：

> 过去的30年是为创造出那些真正伟大的事物打下坚实基础、成为令人惊异的出发点的时期。但是，未来将有超越现在的伟大事物向我们走来。我们创造的事物将不知停歇、无所畏惧地成为其他的事物。而最耀眼的事物到目前为止并没有被发明出来。你并不是迟来者。

附录 1

易知园的开发过程

易知园的开发过程可以简单概括如下：

△ 2003 年 3 月，青瓦台开始投入使用初始的小组件；

△ 为了建设数字青瓦台，确立了信息化战略（ISP, Information Strategy Planning）；

△ 数字青瓦台第一轮建设工作：正式开放了以业务日志记录方式为中心的易知园系统；

△ 数字青瓦台第二轮建设工作：搭建文件管理系统；

△ 数字青瓦台第三轮建设工作：搭建课题管理系统，同时分阶段完善各个系统的功能。

按照阶段化升级的方式，让系统逐渐发展为对使用者友好的系统，最终实现行政业务全部处理过程的系统化，并为此完成了"信息管理—文件管理—课题管理—知识管理—记录管理"的全体系统搭建。从 2005 年年底开始，为了以青瓦台业务管理系统易知园为基础搭建 On-Nara 系统，开始制定标准化模式的工作。最终在 2006 年年底之前，全部的中央政府部门开始采用这一系统，就此实现了国政运营的统筹管理。（关于易知园政府革新推广的具体内容，请参照附录 2）

2004 年 2 月 7 日，开发团队在完成了国政课题委员会与试点部门的衔接工作以后，向卢武铉总统汇报了易知园的建设经过和部门推广计划。为了让全体职员都能够了解易知园的建设过程，除了卢武铉总统以外，还有其他 350 名行政官级别以上的相关人员参加了当天的汇报会。在汇报会上，卢武铉总统很是欢欣鼓舞，积极地向参会人员详细介绍了使用业务管理卡片的必要性和效果、实际输入方式、题目选定的方式以及属性录入方式等内容，前后共花费了60多分钟的时间。卢武铉总统充满激情的介绍，让全体职员清楚地认识到了总统建设数字青瓦台的强烈意向。因此大家在易知园投入使用的初期都很积极地给予了协助。

甲：引入以公告栏为主的软件群件（2003年3月）

2003年3月，也就是在正式开始建设业务管理系统之前，为了支援青瓦台秘书室的业务，总统职务接管委员会曾经使用的软件群件被升级为全新的群件CUG（Closed User Group），并以内部信息共享系统的形式投入使用。CUG的形态是以公告栏为主的群件，总统不仅可以通过这一群件向各个部门下达指示命令，也可以通过在线网络来确认报告和审批资料。CUG将公告栏功能、人事任命的在线通告、个人或部门的日程管理等内容转化为数据库（DB）的形式并提供共享的功能，同时还能够提供各秘书室要求获取的国际经济新闻和立法资料等主要信息。这种群件形式的内部信息共享系统不仅在青瓦台内部推广数字化思维的过程中发挥了重要作用，也为日后建设数字青瓦台打下了坚实的基础。

乙：为了建设数字青瓦台而设立ISP（Information Strategy Planning）（2003年5—9月）

ISP业务小组不仅设立了青瓦台中长期信息化战略规划，同时也搭建起了使用业务管理卡片的试用系统。试用系统提供了业务现状查询和业绩录入等相对来说较简单的功能，主要用于记录业务日志。2003年9月6日举行了试验系统的演示和讨论会，卢武铉总统也出席了会议。2003年9月14日，ISP业务结束了4个多月的活动以后，正式宣告结束。ISP业务主要完成了建设政策信息系统（PIS，Policy Information System）、建设综合电子文件系统、建设知识管理（KM）体系、建设业绩成果评价系统、改善不同部门的业务系统、建设门户网站、改善对外服务系统、投入使用公务员电子卡片、升级网络基础设施、建设信息保护基础设施、建设备份系统等11项信息化课题。以此为基础，2003年9月30日召开了ISP事业成果及数字青瓦台建设方向说明会。会议向职员们解释了数字青瓦台将为业务系统带来的变化。那天的说明会是以总统府秘书室全体职员为对象展开的变革管理活动，有着非凡的意义。

丙：建设数字青瓦台：易知园的诞生
（2003年9月—2004年4月）

开发团队历时两个多月，将ISP阶段的试用系统进行了完善，完成了青瓦台早期阶段业务管理系统的开发工作。这一系统以业务管理卡片为中心，主要用于记录业务日志。2003年11月18日，青瓦台业务门户易知园服务取代了原有的CUG系统，正式开始运行。如果说原有的CUG系统主要运行邮件及公告栏功能，易知园则是以业务日志的形式，将行政业务的处理过程记录在业务管理卡片中，并以此为中心来管理日程和指示命令事项。易知园的设计理念是将多种单元系统的功能集于一身并提供相应服务的业务门户。

在建设数字青瓦台的过程中，除了以业务管理卡片为中心的政策信息系统之外，还先后建设了总统语录管理系统、总统日程管理系统、任务数据库系统、业绩成果评价系统等单项目的系统，青瓦台的网络安保设施也得到了加强。为了共享国政运营相关的政策现状及进展，设计了政策信息系统。这一系统主要管理总统的指示事项及意向课题的执行计划和进展情况，高效地实现了对总统个人的设想信息（备忘录）、检查事项及指示事项的管理。秘书官级别以下的秘书室职员在录入意向课题及业务现状后，确立执行计划，并根据计划来管理业务进展并及时汇报。这一系统与负责政府部门和国政议题的相关组织的系统相连接，可以实时交换信息。

丁：易知园系统的升级：建设文件管理系统
（2004年6月—2005年3月）

第二阶段的建设工作超越了单纯地记录业务日志的水准。核心工作是实现行政业务处理过程的标准化以及搭建管理文件流通过程的文件管理系统。在历时13个月的易知园升级任务期间，主要进行了文件管理过程标准化、确立秘书室业务分类系统、通过升级业务管理卡片高效掌握业务进展这三项工作。并且，为了促成通过易知园系统完成高效且标准化的业务管理方式落地，付出了极大的努力。经过对原有业务管理卡片系统的升级，开发出了一个以综合管理各种课题为基础的日程管理系统。这个系统不仅能够管理个人和组织的业务计划和业绩，也能够在个人工作日志中管理报告、会议、业绩、会谈约定，还能够管理不同组织、不同业务以及不同主题下的每日、每周、每月、每季度、每半年以及每年的目标、计划和业绩。

另外，还建设了支持首席辅佐官及辅佐官会议、首席室内部会议的数字会议系统。这一系统能够支持从会议提案到会议召开的整个会议流程，同时拥有传达会议结果及会议讨论事项的功能、录入检查项目功能、邮件通知功能、会议履历管理功能。除此以外，综合电子文件系统、总统日程管理及指示事项管理系统等原有运营系统的功能也得到了大幅改善（参照图38）。

2004年3—4月	2004年4月19日	2004年7月13日	2004年4—10月	2004年11月1日	2004年11月1日
文件属性卡片登场	开始线下施行文件属性卡片	文件属性卡片临时系统开放	详细设计及开发文件管理系统	文件管理系统开放	改善文件管理系统 - 将名称变更为文件管理卡片 - 改善标题栏 - 改善路径栏 - 改善管理属性栏

图38　文件管理系统的演进过程

戊：易知园系统的升级：建设课题管理系统
（2005年5月—2006年3月）

第三阶段的建设工作从2005年5月开始，历经10个月。这一阶段的工作核心是升级文件管理系统以及建设课题管理系统。将总统秘书室的业务管理系统应用于11个总统直属国政课题委员会的工作也在同一时期推进。原有的以业务日志记录为中心的业务管理卡片的设计理念得到了升级，力争实现以目标和计划为中心进行日程管理和工作日志记录，同时能够自动保存撰写的报告书并转化为业务业绩。抱着这一理念，最终设计出了以课题管理卡片为基础的课题管理系统。另外，在课题管理卡片之上，还建设了能够确定和管理秘书室、NSC、国政课题委员会的战略和政策课题的按目标划分的课题管理体系，对原有的按职能划分的业务分类体系进行了修订和完善。

为了尽快促成以课题为中心的工作系统落地，投入了以课题为基础的绩效评价系统。课题评价在整个绩效评价系统中占据50%的比重。为了实现课题评价的标准化，执行了以课题管理卡片为中心的业务绩效评价方式，评价结果充分考虑了个人对课题的贡献程度。这一评价系统将过程评价与成果评价区分开来，其中过程评价是按季度对业务日志进行评价，而成果评价则是将半年期间的业务内容以报告的形式上传到评价系统来进行评价。信息及资料收集流程的标准化是行政业务处理过程的第一步。为了完成这一目标，在第三阶段的建设工作中还搭建了信息议题管理系统。处理业务的过程实际上是信息处理的一个环节。也就是说，起初以信息状态获得的内容将在经过内部讨论后转化为议题，甚至是课题。在信息／议题管理系统中，个人可以将自己获取的信息录入系统，内部讨论认为未来有必要进行管理的内容将转化为议题，并对该议题进行持续的检查和管理。录入系统的议题将被选定为会议提案或是报告主题。由于议题是课题的前身，如果将议题与课题相连接的话，还能够借助这一系统通过课题管理卡片来查阅与议题有关的内容（参照图39）。

2003年8月25日	2003年11月19日	2004年2—11月	2005年2月1日	2005年7月1日	2006年2月1日
引入日志形式的业务管理卡片	在易知园内部开放业务管理卡片	确定业务分类体系	引入单位业务卡片概念及与其他系统相连接的课题管理卡片	引入并衔接课题管理卡片	改善课题管理卡片
- 确定业务管理卡片的概念 - 开发业务管理卡片 - 为了利用业务管理卡片而展开变革管理	- 改善业务管理卡片 - 在易知园内开放业务管理卡片 - 为了利用业务管理卡片而展开变革管理	- 尝试分析业务相关性 - 为了投入业务分类系统而召开了全体职员研讨会 - 按职能划分的业务分类系统登场	- 在单元业务卡片中自动保存和积累业务绩效 - 引入基于业务分类系统的业务卡片	- 改善单位业务卡片 - 确立课题管理系统概念 - 开放课题管理系统	- 区分一般课题与管理课题 - 改善课题管理卡片的属性

图39 课题管理系统的开发过程

己：议题管理—文件管理—课题管理—知识管理—记录管理全流程完成（2006年6月）

历经三个阶段的开发，青瓦台业务管理系统易知园最终完成了"信息管理—文件管理—课题管理"三套系统的标准化。

为了日后课题文件的保存和再利用，还搭建起了系统性的"记录管理和知识管理"，借此将行政业务的全部处理过程统一为一个综合的业务管理系统。对于记录管理，从2005年6月开始的3个月内，为了进行记录管理革新而确立了ISP项目。通过此项目，2005年12月确定了记录管理方案。该方案毫无遗漏地囊括了易知园内部产生的所有信息。这一记录管理方案不仅扩大了记录的公开及服务范围，还加强了机密档案的安保措施，为管理永久保存记录的记录管理系统提供了研究经验。此后，从2006年1月到当年5月，通过记录管理系统（RMS，Record Management System）的建设项目完成了电子化管理总统记录系统的建设工作。

一方面，针对知识管理，2005年6月27日，卢武铉总统作出了要坚定不移推进青瓦台知识管理系统建设的指示。因此，秘书室组建了一个名为"秘书室知识管理方案研究会"的学习小组，具体来推进知识管理系统的建设工作。在这个研究会中，通过对民营企业和公共机关的标杆案例分析，制定了知识管理推进战略和推进课题。推进战略主要是最大限度地利用易知园的功能，并通过各种各样的个性化功能来提升效率，然后分阶段开展面向国民的知识管理服务。推进课题包括：开发出集知识内容及知识属性于一体的知识地图、构建以使用者为中心且能够有效录入和加工知识的知识管理系统、引入激活方案来促成知识管理的成功落地等。此后，2005年12月28日，学习小组参考自己的研究成果，向卢武铉总统汇报了秘书室知识管理的概念定义和知识管理系统的构建方案,具体包括:第一,在业务处理过程中产生的文件再次转化为知识形态,以便共享和再次利用;第二,整理好业务手册及成败案例,从而提升课题管理卡片的完成度及利用率,进而提升核心知识的创造能力;第三,引入知识里程积分制度,并尽可能地缩短知识管理的流程,使得知识生产活动变得活跃起来。

来源:《青瓦台业务管理系统易知园开发白皮书(2006)》中卷

附录2

On-Nara 政府业务管理系统开发过程

从易知园第三阶段的开发工作开始，工作的重心开始转向将青瓦台业务管理系统向行政部门的推广。在向行政部门征求意见时，重点选取了业务性质相互区别的行政自治部、劳动部、统一部、信息通信部、产业资源部等。首先向这些部门说明了易知园系统，然后收集了这些部门普通公务员的反馈意见。最终收集到的意见结果显示，为了提升业务效率并管理政策履历，有必要在行政部门也投入易知园系统。除了这一结论，还有以下一些发现。

第一，由于中间管理者担心市民团体、国会及监察院日后会要求提供材料，并针对自己在进行决策时所提出的意见而追究责任，因此对于记录的态度十分消极。与此同时，高层管理者由于使用系统的时间不够充裕，一般习惯于接受面对面汇报并通过电子系统完成审批。因此为了改善工作方式，不仅要推广新的业务管理系统，也要做好公务员的心理工作。在进行系统教育的同时也要进行思想教育。基于系统化工作方式的改善，促进高效率的业务流程得以落地。

第二，一般行政机构的业务有很大一部分是单纯地被动执行业务，因此要对这些业务管理系统和为了决策所需的处理政策和课题的业务管理系统采取不同的运营方式。在2004年以前，中央行政机关已经投入并使用了新电子审批系统，因此实现了将文件管理卡片与电子审批系统的自动衔接。

第三，部门推广工作的第一阶段是在主管电子政府的行政自治部进行试点，进而开发出与行政部门特征相匹配的标准模板；第二阶段是在彼此特征相异的 4~5 个部门试用前述标准模板，并根据试用结果来进行改进；第三阶段，向全体中央行政机构推广完善后的模板，经过一定阶段以后，向地方自治团体及有关机构推广。

根据 2003 年 8 月确定的电子政府路线图中"构建国政课题实时管理系统"及"构建政府职能联系模式"课题，行政自治部在 2004 年 6 月开始执行"为构建 On-Nara 系统的 BPR/ISP"项目。通过这一项目，2004 年 12 月确定了第一轮的政府业务管理系统模型，并着手准备在政府内部的推广计划。政府业务管理系统以青瓦台易知园系统的文件管理系统和课题管理系统为基础，连接原有的电子审批系统后进行重新设计，并追加和完善了顾客管理和成果业绩管理系统。在行政自治部试点应用的政府业务管理系统由业务管理系统和政府职能连接系统构成，同时还包括了成果业绩管理系统和顾客管理系统。2005 年 7 月开放使用的行政自治部综合行政革新系统 Hamoni（Harmonized Model of New Innovation）的结构可以参考图 40。

政府业务管理系统能够在业务执行过程中系统化地管理课题。该系统将管理政策决策过程履历信息的文件和业务知识内容存储并积累在课题管理卡片中。这一系统不仅能够管理政策质量，还拥有高效分析和管理政策课题的工具。通过与政府职能衔接模型（BRM: Business Reference Model）相关联，按照不同职能和不同目标的分类系统来提供不同单元课题下与业务执行相关的综合信息。政府职能连接系统打破了不同部门之间的

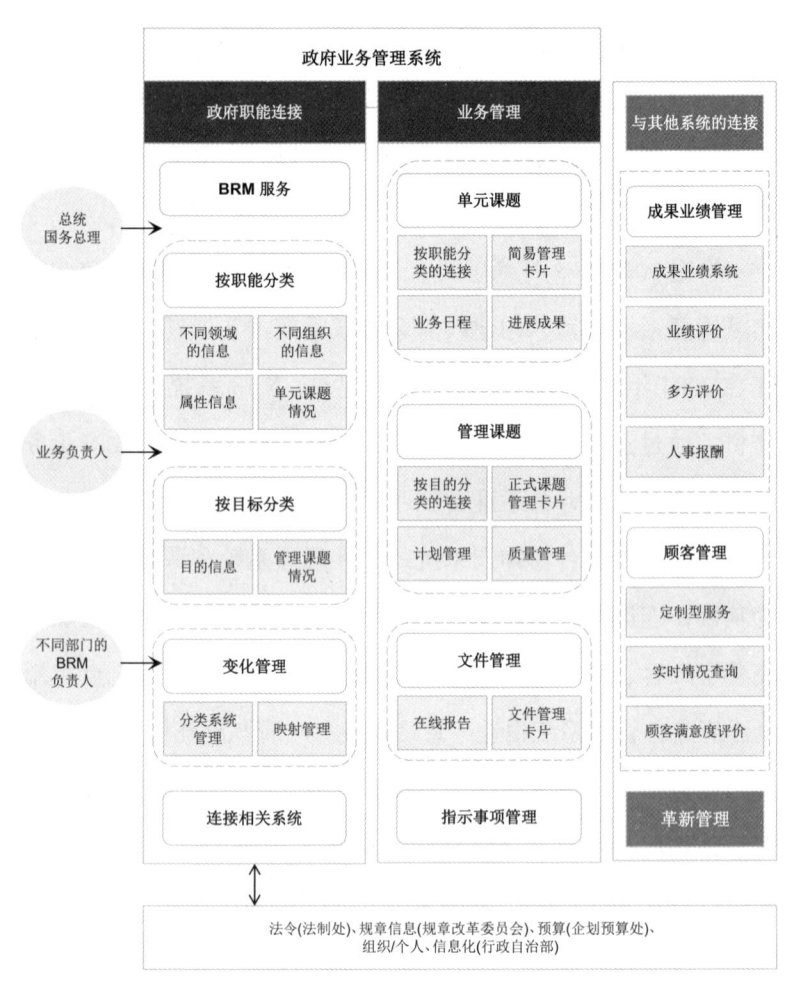

图40 行政自治部综合行政创新系统（Hamoni）架构图

界限，以泛政府的职能分类为基础，系统化地处理与政府职能相关的组织、人事、法令和预算，并实现了以不同部门年初业务报告课题为中心的按目标分类体系。按照不同职能、不同目标的分类系统又与业务管理系统的单元课题相连接。

政府职能连接系统成为了高效管理政府资源（人力及预算）的核心工具，并提供了一种以服务为中心的政府职能分类体系标准。中央政府部门的各个机关依据各自的职务分工制度依次划分为大职能和中职能，然后以职务制度上的单位业务为基准来定义小职能。经过这一标准定义过程，最终发现政府的常设职能包括 20 个政策范畴、78 个政策领域以及 140 个细分政策领域。可分类为 190 个大职能、660 个中职能和 3600 个小职能以及 17800 个单位业务。在建设政府业务管理系统的标准化方案过程中，根据业务登记、业务推进以及业务终止等流程，为不同的使用者设计出了标准化的交互界面，在每个界面都提供了能够检索所需信息的画面。每个部门则通过职能分类系统来定义单元业务，并将其作为政府业务管理系统的课题管理卡片来进行管理。为了实时共享国家公务机关整体的业务进展情况，将按职能划分的分类系统与政府业务管理系统连接到一起。另外，为了便于安保及公安部门、个人信息获取部门等部门的管理和运营，根据这些部门的性质和规模设置了独立的部门系统。同时，也设置了多数部门可以共享的多样化系统。

根据前述系统建设方案，行政自治部、政府革新委员会、青瓦台等政府内部的相关机构彼此之间展开了激烈的讨论。讨论结果是要在不同的机构设置不同的业务管理系统，并将其与全体政府统一的职能分类系统相连接（政府业务管理系统此后被命名为 On-Nara 系统），且要求后者不存在安保等特殊事项。

在这套系统应用之前,政府的愿景只是抽象化的概念罗列,国民很难理解。但 On-Nara 系统成为了能够在管理国家的框架内部研究出具体化的政策并积极运营的工具。无论是总统、国务总理、长官,还是其他任何人都能够借助课题管理发挥出自己应尽的职责。未来政府的目标应该是让系统变得更加便利,打造出与政府自身相适应的"安心系统",力争成为具备世界一流竞争力的政府。

来源:参与政府国政简报(2007.2.22)

附录3

卢武铉的数字化思想

1. 讲述日期：2001 年 10 月 14 日

2. 讲述地点：首尔汝矣岛金刚大厦地方自治实务研究所办公室

3. 讲述总时长：23 分钟 / 部分内容对外公开

4. 主要内容：Know-How 项目的开发

开办研究所的时候，会组织一些类似于研讨会的活动，因此会积累下来很多资料。在这些资料中，有关于议员的资料，也有下次研讨会时要演讲的专家资料，还有与研讨会有关的知识、成果、费用等相关资料。如果只是通过名册或者是资料文件夹的形式进行管理，会在类似情况出现时很难再次利用这些资料。积累下的材料并没有得到很好的再利用，反而需要准备新的材料。除此以外，原本保存好的人物履历资料，也会出现地址或者电话号码变更的情况。因此，（我感觉到）非常需要一个日常能够及时准确保存这些资料并进行实时更新的系统，以便相关信息需要被再利用时能够立刻派上用场。

接下来想谈谈多人共同工作的情况。当几个人共同分担一项工作时，如果不能够随时随地地掌握各自的工作进展，互相接受彼此的汇报并检查工作进度，就无法知道各自的工作进展如何，也就很难判断自己到底能够承担什么样的工作。正是因为这种情况的存在，所以需要将每一时刻的所有信息都立即集中到网络上，就算不反复确认每件事情，也能够对工作进度了如指掌。因此，（我）才萌发了开发能够完成这一设想的软件系统的想法，也就是那么开始的。

起初以为开发这个软件是一件很容易的事情，因此只准备了150万韩币的预算就开始了（开发工作）。150万韩币预算开了好头，但是后来随着开发的深入，又追加了700万韩币，后来逐渐发展成为了一个价值6000万韩币的项目，但并没有成功。最终，我放弃了这个6000万韩币的项目，重新投资了2亿韩币，开发出了现在正在使用的这一软件。在开发的过程中，我先是购买了大量有关数据库知识的书籍，学习其中的原理。此外，还学习了有关计算机软件及其分类的原理、数据库架构的原理。然后，我们还收集了有关编程技术的资料，记录下自己希望呈现的内容，向开发人员"下订单"。

在向开发人员"下订单"的过程中，不仅对我正在处理的政治活动相关业务，还对与研究所整体业务相关的全部业务都进行了分析。此外，还分析了业务处理过程的积累和再利用系统，并对有关信息处理的全部过程进行了全新分析。此后，我亲手制订了软件开发的计划。现在正在使用的计划书是经过3次修改以后的完整计划。这个系统统筹了我们正在使用的有关日程的内容、有关人名信息的内容、各种资料以及会计的全部内容。对于与人名信息相关的内容，无论是党内建立的小型委员会还是一些小的名录簿，都能够以姓名为基础重新整合为一个小的名录簿，并逐渐发展成为一个能够持续不断生产和积累名录的强大软件系统。

举例来说，这个系统通过将全体组织相互连接，实现了数百名人员的数百个以上的日程界面的统筹管理，而且每个人都能够相互确认彼此日程。我现在就在使用这个系统。研究所也在使用这个系统，但我不觉得这个部分取得了很大的成功。

原本软件这种东西，需要在使用的过程中逐渐实现商业化。通过销售来回收研发费用的同时，也能够对软件的升级进行再投资。但是因为我设计的这一系统，对业务的分析和标准化过于细致，比起人们的日常所需，软件本身的功能太过复杂，使得其在人们日常生活中的实用性大打折扣。所以同很多人商议的结果是，这个软件并没有商业化的可能性。由于不能实现商业化，依靠我个人的力量很难对软件进行进一步的升级，因此软件也就停留在了只能"为我所用"的水准上。

按照现在的情况，软件本身并没有取得与其相称的成功。但不管怎么说，在这个过程中，会经常谈到现在被多次提到的知识共享系统（Knowledge Share）和知识管理系统（Knowledge Management System），也就对这些事物有了基本的概念。实际上也是在这个过程中掌握了计算机和互联网这些先进的概念。在这一过程中，已经能够听懂相当多的专家讲解。不仅了解了概念，我开发的这个软件如果在我们的组织中得到充分利用，也可以说是对这些概念的应用。在担任海洋水产部长官的时候，我抱着这一概念尝试在海洋水产部内部建设知识管理系统，并且同电算部门的同事针对开发计划进行了商议和讨论。但之后我辞去了海洋水产部长官一职，不知道这一计划后来是否执行。

说一个小插曲。在开发这个软件的时候，起初我把软件系统的全部构造和要求事项在纸上进行了逐一记录。记录下来的

"订货单"装满了整整一个活页文件夹。在记录这些内容的过程中,大概是用了 10 盒纸。对内容进行修改修改再修改以后,最终保留下了大约 300 张 A4 纸分量的内容(露出笑容)。这些密密麻麻的纸也不知道现在去了哪里。第二次提出开发要求时,也就是制作软件的第二个版本时,甚至是制作第三个版本时,在没有那些记录的情况下,在 5 个小时之内,严格地按照顺序向程序员们一鼓作气地作了说明。程序员们疲惫不堪,只想逃脱(露出笑容)。在开发下一版本的软件时,也是用这种方式给程序员们解释。后来我听说程序员们已经不想再见到我了。

大致来看,信息化原本被应用于很广泛的领域,甚至可以被称为我们生活的形态。将整体的信息化作出变革是一件非常具有革命性意义的伟业。由于原有的领域就很广泛,因此通过变革能够在相应的领域获得相当丰富的知识。对此,与其说是知道了更多的文章种类,不如说是掌握了一些技巧(Know-How),也可以说是对全新的知识和现象的改革和完善,或是进行一些新的尝试。这就像是在表达在政治活动中一直追求尝试新挑战的性格。可以这么想吧。挑战开发软件系统也是对这种性格的实践,具有象征意义。

大体上来看,政治是甄别出未来大的趋势,在作出决定后,要严谨地执行具体的业务。可以说这个软件系统也体现出了这一点。尽管如此,我自己存疑的地方是,为什么在向很多人展示了这个软件系统后,大多数人的反应都是"一定要把系统做得如此细致吗"。我也听到很多人表达了"对业务进行如此精细的标准化是必需的吗"这样的见解。正因为如此，我最近感到很是泄气（露出笑容）。

不管怎么说，我总是觉得录入方法有些烦琐，但我也觉得这是必需的。以图片为例，就类似于此。我们一般在编写日程表时，不会只是单纯地想着日程表吧？首先会想一想我已经定下了哪些约会。虽然我们在日常生活中会收到请柬，但并不会收到成堆的请柬。而对于政客来说，会收到很多请柬。在没决定是否出席的时候，需要先根据优先顺序来排列并管理好自己收到的请柬。作为国会议员，还要经常将国会的各种活动安排放在心上。所以，这个软件系统需要的录入方式是，能够把我的日程与前述三者进行常态化的比对，因此当然不能算作是普通的日程表。我的软件里面的日程表系统并不是单纯的日程表，而是能够实现上述功能，将这些功能都包含在内，同时能够将所有的状况进行分类管理的系统（露出笑容）。

这样的事情，对于普通人的日常生活来说应该是很陌生的。总体来说，很多事物都能够用大脑的记忆来处理。我不是只考虑了我个人，而是从研究所的角度出发，将系统设定为一个能够将一条信息和多人共享，并在考虑周边的所有情况下来管理日程的系统，因此会有差异吧。甚至我们研究所的职员们无须逐一汇报自己现在正在撰写的报告，只需要将自己日程表上的日程区别为公开和非公开，其他职员无论是谁都能够根据公开的日程来确定这个人现在在哪里。组织的日程全部都单独进行管理，也同时进行统筹管理，这是一个十分复杂的架构（露出笑容）。

因为性格的关系，我去饭店就餐的时候会随便选择座位坐下来。坐下来之后会发现有的桌子上坐了两个人，有的桌子上坐了四个人，参差不齐的。这种时候，来整理和摆放餐食的服务员脸色就会很难看。正是有这样的情况，我去饭店用餐时，一定会清点就餐人数，并安排和指示谁和谁几个人坐在哪个桌子上。所以，我的参谋们有时会用难以名状的表情盯着我看。为什么"队长（首领）"要在这种琐碎的事情上费心，到了饭店以后指挥大家坐这里或者坐那里。因为他们总是很无语地盯着我看，我担心自己会被他们批评，所以我也尝试着不再管这些事情。但是只要到了饭店，我就会不由自主地说出"那边坐三个人"这样的话。想起了大家称我为"小气队长"的事情，但其实这也是一种细心的体现，很适合为别人服务。

如果使用这个软件的话，到目前为止的业务处理方式大体上全部实现了标准化。这是全新的标准化，就像是ISO9003那样的标准化。所有的业务流程也都按照韩国工业标准（Korean Industrial Standard）进行了标准化。但是这样的标准化到目前为止在我们的办公室还没有实现。没有实现的理由并不是因为办公室职员们不听话，而是他们经常需要打包（搬家或是辞职），因此无法在办公室实现业务处理流程的标准化。如果真的要实现这样的标准化，需要花费大量的时间来进行训练。这样做也不是不可能，而且也不是一件勉为其难的事情，这是一件能做而且需要做的事情。但是因为打包的频率太过于频繁，需要我亲自来培训职员。

因此,我们认为不论是电子政府还是知识管理系统,都不是能够轻易实现的事情。并不是说开发了一个软件系统,并把它抛出来就自然而然地完成了这些事情。换句话说,我们应该具备标准化的思维。因为如果对于业务的流程保有标准化的思维,将养成为业务流程带来新变化的习惯。由于这是对习惯的改革创新,在考虑行政改革问题时,要一直将电子政府或是行政改革(露出笑容),又或是知识管理系统作为一个长久存在的棘手问题来思考。

来源:卢武铉史料馆:《人们活着的世界》,中卷

编译者后记

为中国式数字政府建设锦上添花

2003年2月25日，卢武铉正式宣誓就任大韩民国第16任总统，同时他向韩国民众宣布自己领导的韩国政府称为"参与政府"。卢武铉为参与政府定下了三大治国目标，即国民共同参与的民主社会、共同生活的均衡发展社会以及和平繁荣的东北亚时代。为了实现这三个目标，他也为自己的政府确立了4条施政纲领，依次为：原则与信赖、对话与妥协、透明与公正、分权与自律。

在任5年间，尽管经历了包括弹劾危机、韩美FTA风波等各种事件，但卢武铉始终不遗余力地践行着自己定下的纲领，推动韩国持续向前发展。在他的领导下，韩国GDP突破1万亿美元大关，并且保持了每年3%以上的增长速度，成功在2005年被联合国贸发会议宣布成为发达国家。他亲自带头推动政府工作方式的改革，力争将韩国公务员阶层转变成为透明且高效的组织。他向韩国民众展示出了总统的工作方式是横向领导、民主化领导、网络式领导以及数字化领导。

卢武铉是农民出身的总统，是少数党派出身的总统，是韩国学历最低的总统，但也是带领韩国进入发达国家行列的总统，是影响韩国政治及外交最深远的总统，是最受韩国民众爱戴的总统。正因如此，也让编译者本人一直对卢武铉总统的执政"秘诀"非常感兴趣。2017年7月，一次偶然的机会，编译者在首尔光化门广场的一间书店里，发现了一本名为《易知园：总统的工作方式》的书籍。仔细阅读过图书之后，终于挖掘到了卢武铉执政秘诀的冰山一角。

上任伊始，卢武铉就积极推动政府工作方式的改革。他选择的改革工具，正是这个叫作易知园的青瓦台总统府业务处理系统。借助于易知园，卢武铉将青瓦台总统府的工作按照行政职能和行政目标进行了重新分类，并按照系统执行的逻辑成功完成了对青瓦台总统府工作流程的再造。易知园由信息议案管理、文件管理、任务管理、知识管理以及记录管理共5个模块组成，每个模块都为相应的政府业务制定了严格的标准和业务处理流程。

总统府工作人员的每一项业务都要严格按照易知园系统的规定流程处理。而处理的每一个环节，也都会被系统记录在案，并根据记录的内容对每个人的工作业绩进行评价。每个人都能够在自己的岗位上将自己负责的业务和应当承担的角色作用发挥到最佳。

这套系统充分反映了卢武铉的前瞻性。一方面，卢武铉作为少数党派总统，参与政府制定的政策一定会经过执政党与在野党激烈的博弈才能够最终诞生。为了政策的顺利实施，决不能有任何失误。借助于易知园，一项政策从构想开始，每一步进展都被记录在案，落实到人。日后某项政策一旦出现问题，立刻就能够通过系统迅速查找到原因和责任人。另一方面，彼时的卢武铉已经预想到电子化的行政管理是提升政府执政能力及公共服务水平的最优化手段。通过易知园，将总统府的工作约束在系统中，最大限度地杜绝了政策制定的随意性和不合理性，提升了政府工作的公开性和透明度。想想现在全球各国都在积极推动的智慧政府建设，卢武铉当时的预想真的是十分准确了。

易知园系统透视出的另一个重要思维，就是系统性观念。通常来说，政府的工作无论是制定政策还是提供公共服务，由于很少具备先验性经验且存在一定的主观因素，很难有规律可循。可以说政府的工作本身就是一个变动不定的系统。用系统性的思维重塑政府的工作流程，将政府行政业务的不确定性降到最低，将有助于提升政府的执政能力和公共服务质量。卢武铉借助于易知园，用软件系统来完成工作流程的再造，将青瓦台总统府的工作限定在一个可控的系统内部，将公务员的自由裁量权控制到最小范围。他本人只需要登录易知园，就能够充分掌握青瓦台的各项工作进展，甚至是整个韩国的运转情况。这套系统真正帮助参与政府完成了公务员阶层工作方式的革新，让参与政府基本完成了自己设定的三个目标。

2019年年初，编译者从韩国回到国内从事公共政策领域的研究工作。出于工作原因，开始对国内的智慧政府建设进行深入的了解。习近平总书记最早在2016年4月召开的网络安全和信息化工作座谈会上就指出，要以信息化推进国家治理体系和治理能力现代化，建设数字政府是实现这一目标的重要举措。2019年底，党的十九届四中全会通过《中共中央关于坚持和完善中国特色社会主义制度，推进国家治理体系和治理能力现代化若干重大问题的决定》，文件提出要建立健全运用互联网、大数据、人工智能等技术手段进行行政管理的制度规则。

此后，新冠疫情席卷全球，加速了在线办公、无接触服务、电子商务、数字贸易等数字经济领域的发展。数字经济的繁荣从客观上对政府的治理理念、治理模式、治理流程都提出了更高的要求。在《国民经济第十四个五年规划和2035年远景目标纲要》中，明确提出了提高数字政府建设水平，将数字技术广泛应用于政府管理服务，推动政府治理流程再造和模式优化，不断提高决策科学性和服务效率。

看到数字政府建设规划的日益完善，编译者深深地感受到建设中国式数字政府的最好时机已经到来了，也一直在思考什么样的数字政府才是最适合中国的。而正是"政府治理流程再造和模式优化"以及"决策科学性和服务效率"这几个字眼，让编译者想到了参与政府的易知园系统。

首先，中国庞大的政府体系和政府决策流程的繁杂性，要通过系统化地重构政府内部业务处理流程，来推动政府治理流程的再造和模式优化。而政府流程的再造并不是工作流程的简化或是部门间的整合重组，而是要从政府的治理理念、治理目标、业务处理方式等进行整体重塑，易知园系统的逻辑体系刚好能在这方面为中国的数字政府建设提供参考经验。

其次，政策的科学性一方面需要借助日益发展的大数据和人工智能技术来精确把握发展情况，另一方面也需要限制公务员在政策制定过程中的裁量权，消除政策制定过程中的主观随意性因素。如果易知园所具备的"所有政策决策都能有迹可循"的特征与数字技术相结合，势必会对政策决策的科学性产生积极影响。

再次，提升政府服务效率不仅包括"群众少跑腿、数据多跑路"这样的衡量方式，公务员权力在提供公共服务的过程中运用得是否得当也是一项重要指标。习近平总书记就曾经强调过，"建设数字政府是如何运用权力的问题"。借助易知园中"将公务员工作流程限制在系统中并基于系统记录对公务员进行公正评价的方式"，可以让公务员合理、科学、公开、透明地运用自己的权力，推动政府工作方式和工作文化的转变，提升政府服务质量，最终建设成为人民满意的政府。

最后，对于中央鞭长莫及的部分地方政府，往往存在着曲解中央政策或是过度加码中央政策的情况，为企业经营、人民生活带来了极大不便。易知园系统的文件管理和汇报体系能够为中央政府搭建一个能够统筹摸底、通盘管理全国各级地方政府政策情况的数字政府提供灵感，最终提高央地间的公共资源使用效率，实现更加高质量的央地政策体系。

想了这么多以后，编译者最终决定联系易知园图书的韩国作者，商量能否将本书在国内出版，两位作者欣然同意。为了让书中的内容能够更好助力中国数字政府的建设，编译者与原作者密切合作，对书籍原版内容进行了适当改写，以便更加符合中国读者的阅读习惯。希望这本书所传达的精神和思想，能够真正为中国式数字政府的建设锦上添花。

本书译者　赵昱

图字：01-2022-0212

Original title: 이지원, 대통령의 일하는 방식
©2017 행복한책일기
All rights reserved.

图书在版编目（CIP）数据

系统观念下的数字政府：政府业务与服务流程的再造/（韩）康太荣，（韩）闵祺瑛著；赵昱译．—北京：东方出版社，2022.3
ISBN 978-7-5207-2682-5

Ⅰ.①系…　Ⅱ.①康…②闵…③赵…　Ⅲ.①电子政务—研究　Ⅳ.①D035-39

中国版本图书馆 CIP 数据核字（2022）第 022877 号

系统观念下的数字政府：政府业务与服务流程的再造
（XITONG GUANNIAN XIA DE SHUZI ZHENGFU:ZHENGFU YEWU YU FUWU LIUCHENG DE ZAIZAO）

作　　者：	[韩] 康太荣　闵祺瑛
译　　者：	赵　昱
责任编辑：	陈丽娜
出　　版：	东方出版社
发　　行：	人民东方出版传媒有限公司
地　　址：	北京市西城区北三环中路 6 号
邮　　编：	100120
印　　刷：	北京明恒达印务有限公司
版　　次：	2022 年 3 月第 1 版
印　　次：	2022 年 3 月第 1 次印刷
开　　本：	787 毫米 × 1092 毫米　1/16
印　　张：	16
字　　数：	153 千字
书　　号：	ISBN 978-7-5207-2682-5
定　　价：	69.80 元

发行电话：（010）85924663　85924644　85924641

版权所有，违者必究
如有印装质量问题，我社负责调换，请拨打电话：（010）85924602　85924603